BOCADILLOS
DE MI REINO

DEDICATORIA

Le dedico este libro a mis hijos, Alexis y Cristian Valdovinos Torres y les agradezco por apoyarme y comprender que muchas veces no pude estar con ellos el tiempo que hubiera querido por salir a trabajar. También a mis nietos Ricky y Johnny, que me han dado la oportunidad de conocer el amor y la fe de otra generación más de mi descendencia.

Les agradezco por ayudarme con su comprensión y paciencia a llegar hasta donde he llegado hoy. Les agradezco por ser las personas que más han creído en mí, además de haberse convertido en mis maestros para aprender a tener la fuerza y el valor para alcanzar cada uno de los éxitos que tenido en mi vida. Le agradezco a Dios por dejarme hacer esto posible y por brindarme la sabiduría, la revelación y la inspiración para poder escribir este libro, e incluso le agradezco por haberme guiado en cambiar mi vida. También por darme la oportunidad de compartir lo que sé con los demás, para así poder darles motivación y ayudarlos a través de estas páginas.

Le agradezco a mis padres por enseñarme a ser la mujer trabajadora que soy hoy; a mi padre le agradezco por grabar en mi mente y en mi corazón su frase de "Los Torres no se Rajan" y "Mueren en la Raya", es decir, que nunca se rinden, ni se dan por vencidos. Yo sé y entiendo que esa era su manera de enseñarme a perseverar y a no rendirme, y justamente eso ha sido mi motor de vida en todos estos años.

Les agradezco a todas las personas que creen en el cambio que yo he hecho en mi vida, a las personas que me han aportado con alguna enseñanza y que me ha impactado para bien de alguna manera. Agradezco también a mis líderes, a mi coach Keitha Rojas de la Editorial Legado Latino, por ayudarme a hacer posible que este libro sea publicado.

A mi líder El apóstol Enrique Morales, por motivarme a creer en mí y en mis capacidades para ayudar a otros. Le agradezco de todo corazón a mi amado esposo, Herbert Catorceno, por nunca cortarme las alas. Gracias por siempre apoyarme y decirme: "no te detengas y vuela".

CONTENIDO

ACERCA DE LA AUTORA

María Natividad Torres Solorio, aunque nació en Petatlán Guerrero, creció en Michoacán donde, junto a su familia, vivió en diferentes pueblos. Su padre tenía un pequeño negocio de un molino en el cual se molía Nixtamal con lo que se hace masa para tortillas, su familia se mudaba de pueblo en pueblo hasta que en algún momento compraron un terreno y una parcela. El lugar donde pasó gran parte de su niñez fue a lo que se conoce como El nuevo Potrerillos de Coria o la Loma, como la mayoría de las personas lo conocen.

Una de las cosas que más le gustaba hacer a Natty desde su niñez era estudiar. De hecho recuerda que cuando en la escuela no les dejaban tarea ella se ponía triste; siempre le ha parecido agradable el tema del aprendizaje y hasta la fecha sigue encontrando mucha satisfacción en ello. También le gustaba y le sigue gustando ayudar a los demás.

Solía ayudar a su papá en labores del campo, también llevaba las finanzas de su pequeño negocio, por lo que desarrollo esta pasión por los números y las ganancias en los negocios. Gracias a que su familia se movió de lugar en lugar durante su infancia, Natty encontró un gusto por viajar gracias a su experiencia de estar en el campo y conocer y explorar nuevos lugares.

Ella siempre se sintió atraída en ayudar a las personas que la rodean y su experiencia de vivir en diferentes lugares le abrió la posibilidad de hacer nuevos amigos. Para Natty eso siempre fue y es lo mejor que le pudo dejar crecer de esta manera, al grado que empezó a notar que ya era bastante conocida en la región, porque encontraba a sus amigos en los diferentes lugares a donde iba.

En su juventud tuvo la oportunidad de dar clases y le encantó hacerlo por su amor a la enseñanza y su deseo de ayudar a todo el que lo necesite.

Volviendo a sus primeros años, Natty siempre soñó con ser una profesionista, o en otras palabras una profesional, anhelaba ser secretaria o maestra de baile; porque le gustaba bailar y salir en los bailables de la escuela.

Pero hubo un tiempo, en el que al crecer, su entorno por un momento la envolvió. Recuerda que cuando era maestra auxiliar en el pueblo en el que vivía, solía sentirse muy molesta e inconforme con lo que la rodeaba. De ahí le surgió la pasión por enseñar a los demás.

No obstante, con todo lo que había su alrededor, ella sólo veía escasez y no sabía cómo ayudar, hasta que recordó eso que muchas veces pensó, y creyó desde pequeña, algo que se ha convertido en su filosofía que le ha permitido salir adelante y le viene a su mente en forma poderosa, y esa frase es: "tienes que cambiar tu manera de pensar".

Cuando alguien le pregunta a Natty Torres ¿Cuál crees tú que es la llave del éxito? Ella responde sin dudarlo: - "en mi experiencia encontré la llave del éxito cuando me transformé y me convertí en una mujer de fe, cuándo decidí entrar y caminar, en un camino diferente con una mentalidad de abundancia. Cuando comprendí que podía hacer ese cambio y reaccioné conforme a esa verdad".

Esa visión es la que llevó a Natty a escribir este libro, porque ella desea ayudar a otros a dejar atrás la pobreza emocional, espiritual, mental y financiera.

Una de las cosas que más le apasiona a Natty es cambiar y transformar su manera de pensar todos los días y ayudar a los demás a hacer lo mismo. También le gusta emprender proyectos nuevos, hacer crecer sus negocios y encontrar nuevas maneras de servir a otros; otra de las cosas que más le gusta hacer, es viajar; es por eso, que su propósito es equipar a trabajadores capaces, emprendedores y empleados, para que también se regalen ese tiempo de disfrutar, viajar, conocer nuevos lugares, no importa cuál sea su situación, para que puedan encontrar y cumplir sus propósitos de vida, saber y conocer cuáles son sus pasiones para que puedan cumplir y hacer realidad sus sueños porque se lo merecen.

Cuando Natty se planteó la idea de crear este libro, ella quiso hacerlo con el propósito de qué cualquiera que llegue a encontrarse con él, lo lea y lo aplique, llegue a saber que todo es posible, porque la fórmula secreta está en las estrategias y acciones que llevamos a cabo en conjunto, con nuestros pensamientos.

Al saber esto, a ella le impacto la vida y está segura de que los principios que te va a compartir a través de estos pensamientos, a los que ella llama "Bocadillos de Mi Reino" te ayudarán, si los aplicas a tu transformación, motivación e inversión personal, familiar, profesional, empresarial, ministerial y de liderazgo, porque los principios no cambian, sólo se adaptan a cada persona o situación.

1. BOCADILLOS DE AUTORRECONOCIMIENTO

Bocadillo

"Los principios se mantienen estables, lo que se debe cambiar son las estrategias y el enfoque."
1 Corintios 15:21-22

SABOREO

Probablemente has intentado muchas cosas y crees que estás mal o que hay algo mal en ti, pero el problema no eres tú, sino las cosas qué haces, o quizás las herramientas qué utilizas, o las que no utilizas y los pensamientos que tienes... por más obstáculos que vengan en tu vida, te invito a seguir viéndote a ti como una persona de éxito, visualízate como una mujer o un hombre que está dando algo de valor a la humanidad. ¡Hujuuuuuyyyyy, Ánimo hermosuras bellas, ¡Sí se puede!

¡Grumpy for Justice! ♡ 🙏

2. BOCADILLO DE FE

"En el mundo se pueden cambiar muchas cosas, se pueden modificar los planes, pero jamás se podrá cambiar el diseño de mi corazón, porque lo que hay en mi corazón, solo proviene de Dios"

Isaías 55:8-9

SABOREO

¿Cuántas veces nos hemos dejado llevar por lo que la gente hace, o dice que es correcto en lugar de escuchar la voz de nuestro corazón?, tomamos decisiones y vivimos ciertos estilos de vida, porque vemos que les funcionaron a otras personas; pero en el fondo, eso no es lo que deseamos hacer. Además, también podemos llegar a pensar que los que estamos mal somos nosotros, y nos confundimos sin saber que no estamos escuchando a nuestro corazón. Pero no hay que olvidar esta frase: "Tus pensamientos no son mis pensamientos". ¡Conéctate con tu hacedor, porque él tiene el manual de tu propósito! ¡Hujuuuuuyyyyy, Ánimo hermosuras bellas, ¡sí se puede!

¡Grumpy for Justice!

3. BOCADILLO DE FE

"Todos fuimos creados en un molde único, nadie es igual a mí. En este molde está mi personalidad, mis sueños y mis anhelos… no lo contaminaré con lo negativo que existe allá afuera, porque yo sé que todos somos seres de luz"

Salmos 139:16

SABOREO

Venimos a este mundo con buenos sentimientos, además venimos aquí a vivir una vida feliz. Venimos para aprender y ayudarnos los unos a los otros a magnificar nuestras habilidades y virtudes, no venimos a transitar por este mundo acumulando resentimientos, culpas, tristezas y odios. Eso no cabe en nuestro molde y lo único que hace es atrofiar o truncar nuestro progreso. Conectemos y honremos nuestra naturaleza divina, cuidemos y respetemos de nosotros y de los que nos rodean. ¡Hujuuuuu-yyyyy, Ánimo hermosuras bellas, ¡Sí se puede!

¡Grumpy for Justice!

4. BOCADILLO DE LIDERAZGO

Creo en esto: "Todos tenemos un líder dentro de nosotros y no venimos a este mundo solamente para ocupar un espacio". ¡Todos estamos aquí para aportar algo!

Éxodo 3:7-12

En cada persona existe un líder, puede ser que al verte a ti mismo o a ti misma te preguntes ¿un líder yo? Y la respuesta siempre será un sí; sólo necesitas darte la oportunidad para descubrirte. Puedes ser un ejemplo para otros al encontrar el liderazgo que ya llevas dentro de ti, pero, sobre todo, al creer en ti y reconocerte como un buen líder.

Siempre hay algo en lo cual tú puedes prestar tu ayuda y tus conocimientos, sólo que no te has dado la oportunidad para descubrirlo y esta es tu señal para qué lo hagas. ¡Yeeeeeyyyyyy!

¡Grumpy for Justice!

5. BOCADILLO DE INFLUENCIA

Me atrevo a ser un impacto para los demás; dejó un legado a mis generaciones a través de mi Fe y de mis conocimientos y aportaré todo lo que yo pueda.

Josué 24:15

SABOREO

Es evidente que todos tenemos diferentes formas de vivir y diferentes experiencias de vida, pero quiero que sepas que, aunque eso sea verdad, hay cosas por las que desde niños nos hemos sentido atraídos; puede ser curar a las personas, enseñar o manejar algún negocio y puede que las circunstancias de la vida te hayan llevado por un camino diferente, pero hoy es tiempo de que regreses a tu verdadero propósito, lidera tu vida y sé de influencia para los demás.

¡Yeeeeeyyyyyy!

¡Grumpy for Justice!

6. BOCADILLO DE ACEPTACIÓN PERSONAL

No debo renegar de mis dones, ni olvidar o rechazar aquello para lo que de forma inherente fui llamada.

Génesis 25:29-34

SABOREO

A veces por miedo ignoramos nuestro propósito y los llamados que tenemos desde temprana edad. Tal vez tú has tenido facilidad de palabra, o fuiste una persona muy amistosa en tu niñez; tal vez fuiste muy bueno en deportes, o quizás te llamaba la atención ser líder en tu clase, pero por miedo o por sentimientos de inferioridad dejaste todo eso a un lado.

Los dones o cualidades que tenemos no están ahí por casualidad, son para que los cultivemos y los usemos al servicio de los demás. Aprecia y valora lo que tienes, para que puedas conectar con tu propósito de vida. ¡Yeeeeeyyyyyy!

¡Grumpy for Justice!

7. BOCADILLO DE SABIDURÍA

Aunque me toque vivir situaciones difíciles no olvidaré dos cosas, la primera, todo obrará para bien y la segunda, Dios quiere que viva feliz y todo cuanto he pasado, él me lo recompensará con bendiciones y sabiduría.

Romanos 8:18 y 28

SABOREO

No reniegues de las cosas que te tocan vivir, créeme que todo esto es momentáneo, ningún problema permanece para siempre y cada experiencia en la vida está ahí para enseñarnos, ayudarnos a crecer y a ser mejores si lo sabemos resolver y aprovechar. No estoy diciendo que todas las experiencias negativas qué has vivido son necesariamente lecciones que debes aprender, muchas de ellas vienen por malas decisiones de otros y a veces por malas decisiones nuestras, o simplemente hay algunas que no tengan explicación, y pareciera que no podemos encontrarle algo positivo o algo que nos aporte, pero lo que sí te puedo decir, es que todas nos ayudan a tener resiliencia.

Otro aspecto importante, es recordar que Dios conoce cada una de las cosas qué te han pasado y nunca te dejará sola, nunca te dejará solo. Él te fortalecerá y con el tiempo todo lo que has vivido tendrá sentido y te convertirá en una persona madura y sabia. ¡Yeeeeeyyyyyy, Ánimo hermosuras bellas, ¡Sí se puede! ¡Grumpy for Justice!

8. BOCADILLO DE DOMINIO PROPIO

Yo decido cómo reaccionar ante lo que me pasa, puedo quedarme cómo estoy, sufrir por mis circunstancias o seguir adelante confiando en que Dios quiere que viva abundante y feliz. También se requiere de mi responsabilidad de transformación y acción.

Deuteronomio 30:15-19

SABOREO

Es muy importante destacar esta verdad. Dios no quiere que vivamos una vida llena de sufrimiento, ese no es su plan. Lo que Él desea para nosotros es que vivamos una vida plena y feliz; una vida donde tengamos todo lo que necesitamos incluso en abundancia.

A este mundo venimos a aprender y pese a que no todas las experiencias negativas que nos tocan vivir sean para que aprendamos algo de ellas, siguen siendo experiencias que pasan para darnos la oportunidad de aprender, que de la manera en que las afrontamos, es justamente lo que nos ayuda para salir de ellas. ¡Yeeeeeyyyyyy, Ánimo hermosuras bellas, ¡Sí se puede! ¡Grumpy for Justice!

9. BOCADILLO DE TOMAR ACCIÓN

Mi éxito llega, cuándo mis responsabilidades son más grandes que mis excusas y empiezo a trabajar en ellas.
Mateo 25:20-29

SABOREO

¿Quieres saborear y tener éxito en todo?

Se responsable de tus propias metas, enfrenta la situación y los retos que se te presenten en el camino, no busques culpables para excusarse del porqué no logras cumplir lo que te has propuesto hacer. Ten prioridades y enfócate en ellas. Empieza con lo que tienes, con lo que sabes hacer y en el lugar donde estás.

Si quieres cambiar tu vida de manera significativa y alcanzar cada una de tus metas sin importar el tamaño o la dificultad que tengan, debes dejar de lado cualquier excusa.

Las excusas son sólo expresiones de miedo y es normal que lo nuevo nos asuste. Pero hay que enfocarnos en lo que queremos lograr, así se llega más rápido al éxito real. ¡Hujuuuuuyyyyy, Ánimo hermosuras bellas, ¡Sí se puede!

¡Grumpy for Justice!

10.- BOCADILLO DE ÉXITO

Mi éxito de hoy es un momento señalado. El impulso para avanzar a la siguiente puerta que me llevará a cumplir mi propósito.

Salmos 84:7

SABOREO

No debes olvidar que el día de hoy es el momento perfecto para empezar con esos nuevos proyectos o continuar con los que dejaste pendientes para avanzar hacia tus sueños y propósitos.

Puede que aún no sepas cuál es tu propósito por lo que puedes usar el día de hoy para empezar a encontrarlo. Ninguna acción positiva para mejorar es insignificante, cada pequeño acto cuenta.

De hecho, cada éxito nos desafía a tomar responsabilidad para el siguiente proyecto. Yeeeeeyyyyyy

BOCADILLOS DE MI REINO DEL 11-20

11.- BOCADILLO DE AUTOESTIMA

Bocadillo

Me abro a aprender de mis experiencias y mis acciones, y también a escuchar mis opiniones y mi conocimiento.
1 Corintios 2:6-16

SABOREO

Todos tenemos el poder de la intuición dentro de nosotros. No tengas miedo de hacerle caso a esa idea de confiar en tu aprendizaje, en dar tus opiniones y en escuchar tu voz interna. Atrévete a conversar contigo mismo aprende de tus experiencias.
Toma nota y aprende a ser tu mejor alumno.
Yeeeeeeyyyyyyyyy

12.- BOCADILLO DE MOTIVACIÓN.

BOCADILLO

Hay un tiempo y un momento específico para mí, hoy voy a descubrirlo y aprovecharlo.
Eclesiastés 9:11

SABOREO

Si quieres descubrir e identificar tu tiempo, empieza por hacer lo que te gusta y lo que te apasiona. Llegará el momento donde te encontrarás con la ocasión a través de un escenario o con las personas adecuadas para tu gran oportunidad. No te cuestiones si tú eres la persona indicada para recibirlo, o si estás preparada para obtenerlo, o si tal vez eres merecedora de aceptarlo, ¡Recíbelo! Es para ti. Deja ir la frustración que tenías, porque ha pasado el tiempo y no hiciste lo que ibas a hacer. Tu actitud debe ser hacerlo hoy: el tomar la responsabilidad de aplicar lo que estás aprendiendo hoy, aprovechar la oportunidad para caminar en ello y tener continuo relajamiento. ¿Qué oportunidad tienes en este momento? Vamossssss Aprovéchala! Yeeeeeyyyyyy

13.- BOCADILLO DE LIDERAZGO

BOCADILLO
El cambio me da crecimiento. Si crezco me convierto en influencia. Cuando sea influencia entenderé que me he multiplicado.
Hebreos 11:8-12

SABOREO

Cuando sales de una mentalidad de escasez empiezas a desarrollar una mentalidad de abundancia, en el camino te vuelves una persona de influencia con un gran potencial de liderazgo. Recibes fe, esperanza, fuerza, seguridad, vida, etc. y sobre todo la responsabilidad de expandirse a lo grande. Hujuuuuuyyyyy ánimo hermosuras bellas, si se puede!

14.- BOCADILLO DE CARÁCTER.

BOCADILLO
Necesito mantenerme firme en mi posición, para cumplir mi propósito.
Proverbios 6:6-11

SABOREO

Quizás te sientes tambalear en el proceso, o que las fuerzas se te agotan, que la angustia te ahoga o te aflige no ver la salida, de hecho, has querido tirar la toalla, pero hoy vengo a decirte ¡vamos! sigue avanzando, enfócate en tu propósito porque ya has avanzado; cada pequeño paso te posiciona en un lugar más alto, ¡sigue escalando tu montaña! se trata de dar un paso a la vez, despójate de toda carga y celebra cada triunfo logrado. Cuando te mueves de tu posición, de ese lugar en que te corresponde estar, por no soltar la flojera, el desánimo y la queja, te conviertes en un ser irresponsable y arruinas tu productividad. Es por eso por lo que necesitas nuevamente volver a tu origen, para incorporarte a tu destino en la abundancia. Alégrate porque te espera una postura de grande, de fuerte y de honra, eres una persona creada para grandes cosas. Hujuuuuuyyyyy

15.- BOCADILLO DE HUMILDAD.

BOCADILLO

No vale más cuánto se. Lo que más vale es: Cuánto hago con lo que sé.

Santiago 1:22

SABOREO

Quizás puedas presumir de toda una educación de maestría, doctorado o la experiencia que tengas. ¡Te felicito eso es bueno! pero muéstrame con hechos todo lo que estás produciendo constantemente con lo que sabes, para que me motives a seguir tu ejemplo. 'Ánimo si se puede! Hujuuuuuyyyyy

16.- BOCADILLO DE CARÁCTER.

BOCADILLO

Mi manera de pensar ayuda a determinar mi manera de ser.

Santiago 1:22-25

SABOREO

Tu pensamiento te proyecta a tener más claridad de lo que quieres hacer,

!!cuidado!! porque también tu pensamiento sin la acción queda solamente en una ilusión (deseo). Dales valor a tus sueños, hazlos pasar a la realidad, no te engañes tú mismo y confía en tu creatividad. Hujuuuuuyyyyy ¡Animó! ¡Es de sabios tener determinación!

17.- BOCADILLO DE MOTIVACIÓN

BOCADILLO
Soy más fuerte cuando venzo al que me hacía creer que era débil.
Santiago 4:7

SABOREO

Resistir las adversidades de la vida es vencer tu propia debilidad, es sacar la fuerza interna que desconocías tener, es creer en lo capaz que eres para destruir tus limitaciones. Encuentra tus fortalezas y echa mano de ellas, porque están ahí para poner una valla de protección alrededor de ti y para hacer huir todas las mentiras de impotencia. ¡Hujuuuuuyyyyy ánimo si se puede!

18.- BOCADILLO DE CARÁCTER.

BOCADILLO
Carácter es tener disciplina propia.
Proverbios 29:25

SABOREO

Aunque otras voces me seducen, con el fin de desviarme de mi propósito; para avanzar en mi crecimiento, el mantenerme firme en mis decisiones, me llevará a un nivel de seguridad muy elevado. ¡Creo en mi potencial y trabajo en ello diariamente, confío en El que me lo dio y veré los resultados! Yeeeeyyyyyy si se puede.

19.- BOCADILLO DE TRANSFORMACIÓN.

BOCADILLO
Hoy hago cambios drásticos, que puedan mostrarme lo mal que estaba.
Mateo 3:8

SABOREO

Atrévete a hacer algo hoy opuesto a lo que usualmente hacías ayer. Toma la decisión de trabajar y ver tu producción, invierte en tu persona para que desarrolles tus capacidades y aprecia tus logros. Hacer un cambio radical te deja ver la perspectiva de otro ángulo y te abre el panorama para ver esos puntos ciegos. Yeeeeeeeyyyyyyyy

20.- BOCADILLO DE MOTIVACIÓN.

BOCADILLO
Hoy voy a gozar de lo que tengo, así dejo de estar ansioso por lo que espero.

 27

Mateo 6:34

SABOREO

Enfócate en disfrutar lo que ahora tienes, permítete valorar lo que ya has conseguido, te mereces celebrarlo a lo grande. Esto te mantendrá ocupado, a tal modo que le das espacio a lo que estás esperando para que llegue a su tiempo perfecto, y se puedan encontrar con gran regocijo. La Paz es el antídoto de la ansiedad.

Hujuuuuuyyyy

Grumpy for Justice!

21.- BOCADILLO DE INVERSIÓN

Bocadillo
La cantidad de inversión que hago hoy me deja saber la distancia de qué tan lejos quiero llegar.
   Mateo 5:41

SABOREO

La inversión que hagas hoy sin importar qué es lo que estés buscando, debe ser proporcional a lo que quieres, por ejemplo, quieres tener un matrimonio que dure para siempre y que sea feliz ¿cuánto estás invirtiendo en esa relación? Si quieres que eso realmente ocurra debes de comprometerte e invertir de tu tiempo para construir relaciones afectivas y felices, igual si lo que quieres es tener un negocio próspero ¿cuánto estás invirtiendo en darte a conocer? Si quieres ser una persona que aporte algo a tu ciudad, tu país o a la gente que te rodea, debes invertir en tu crecimiento personal y profesional, además de entender que si quieres grandes cosas, debes hacer grandes compromisos e inversiones. Eso te ayudará a saber hasta dónde quieres llegar.

¿Qué tiempo le estás dedicando a tu nuevo proyecto? ¿Con que frecuencia mides el camino recorrido? ¿Crees lo suficiente en su productividad como para ir más lejos de lo planeado? Que el cumplimiento de una meta te desafíe a tomar responsabilidad para entender que puedes ir más lejos. Tu formación depende de cruzar y de ir más allá de la línea que te habías trazado, tú medida no es la acción planeada, tu medida es ser constante y extraordinario. Yeeeeeeeyyyyyyyyy

22.- BOCADILLO DE INVERSIÓN

Bocadillo
Hoy abro camino para darle el pase a mis generaciones a través de mi trabajo y mis aportaciones financieras. Ayudo a los demás asegurándome de conservar mi legado.
 Salmos 102:28

SABOREO

Es importante asegurarte de que tus contribuciones al mundo sean un legado para tu descendencia. Cuando realices cualquier proyecto, hazlo pensando en el bienestar de los tuyos y pensando de qué manera esto asegurará que tus hijos, tus nietos y demás descendencia, se sientan inspirados a seguir tu ejemplo y sigan ayudando a los demás.

Mi transformación personal debe cambiar la atmósfera de mi entorno y afectar a todas mis generaciones. Reprodúcete en alguien que amas y que desea abrirle paso a la abundancia. Equipa a ese líder con carácter capaz de ir más profundo. Abrir es enfrentarse a lo desconocido, es entrar a conquistar y poseer un nuevo terreno para la expansión de tu reino, es ceder el paso a los que vienen detrás de ti, es amar a otros, es darle seguridad a los demás para que vallan a donde todavía no has ido tu. Abrir camino es ser apasionado por servir a otros y posicionarlos como un anclaje de pertenencia (de herencia). Hujuuuuuyyyyy

23.- BOCADILLO DE TRANSFORMACIÓN.

Bocadillo

Se trata de aprender que hay otra salida para mí, de mi depende cuánto tiempo voy a decidir permanecer en el mismo lugar.

Proverbios 3:6

SABOREO

Comprender que salir de cualquier situación que no nos gusta es posible, nos hace dejar de ser víctimas. Tú puedes y debes animarte a buscar otras opciones. Ir a otros sitios, probar hacer cosas diferentes, solo así se superan los problemas y puedes cambiar tu vida. Hay que reconocer que necesito ayuda es un acto de humildad y de querer ir más lejos. Un Mentor te ayuda avanzar, te acompaña a poner firmeza en tu camino para poder ir más lejos, para que llegues a tu destino evitando muchas pérdidas y logrando tu abundancia, te ayuda a sacar el líder que llevas dentro (Jesucristo). Un Coach te entrena, te guía para que te descubras a ti mismo, para que saques lo que ya está dentro de ti y lo expongas hacia afuera, para que desarrolles tu liderazgo (Espíritu Santo). Permite que alguien te ayude a salir de tu estancamiento, de la salida equivocada. Considera la opinión de otros y aprende que hay otra manera de hacer las cosas. Equivocarse es aprender, es acudir a otro recurso. Levántate y continúa, regresa al principio, a tu camino. Yeeeeeeyyyyyyyy.

24.- BOCADILLO DE TRANSFORMACIÓN.

Bocadillo

Mi posición cambia mi situación.
1 Samuel 9:1-13

Saboreo

Cuando tu postura ante la vida cambia, todo a tu alrededor cambiará. Si tú te ves como alguien de éxito y tu postura es la de un líder o una líder de negocios, claro que esa energía positiva te hará bien, necesitas verte y sentirte así, pero sobre todo adoptar una postura de éxito. Cuando cambias la manera de verte como estás tú situación cambia. Necesitas mirarte a modo de reina, rey, empresario, con hermosura, con determinación, con firmeza, con seguridad, etc. Cuando tengas dentro de ti una postura de éxito, de triunfador, entonces tu situación cambiará automáticamente. Usa lo que tienes y lo que sabes hacer, por muy poco que tengas o muy bajo de estima lo que sabes hacer, eso te puede poner en una posición más alta y tú situación será transformada. Yaaaaaaayyyyyyyy

25.- BOCADILLO DE MOTIVACIÓN.

Bocadillo
Hoy me miro como pronto me veré, eso me motiva a no verme como ahora estoy.

Hebreos 11.1

Saboreo

Si te ves como esa persona que sueñas ser, tu mente comenzará a programarse para esa realidad, tu podrás avanzar a cada meta con la confianza que ésta nueva perspectiva te dará seguridad.

En cambio, sí solo ves lo que eres ahora y eso no te gusta, seguirás enfocándote en lo mismo y no avanzaras.

Quizás estás pasando una situación desagradable y no vez la salida, estás viviendo lo opuesto de lo que has deseado. Hoy te animo a que sigas caminando y te enfoques en esa relación, negocio, etc. que anhelas ver, créeme que eso te va a alejar de la limitación donde te encuentras y te acercará más y más al éxito. Hujuuuuuyyyyy ánimo hermosuras bellas, si se puede!

26.- BOCADILLOS DE MOTIVACIÓN.

Bocadillo
Mi plataforma es el lugar donde yo me paro, lo importante es saber   discernir mi tiempo y tomar mi oportunidad.
Josué 1:3

SABOREO

No hay limitaciones, todo lo que necesitamos ya está en nosotros. Si te sientes inspirada o inspirado a actuar y hacer algo que te gusta hacer, ¡hazlo! todo lo que necesitas está dentro de ti. Es importante saber discernir si dónde estás parado es el lugar indicado o la plataforma diseñada por Dios para que puedas expresar tus dones y tu sabiduría.

Hay personas que se preocupan toda la vida porque les den una plataforma en la cual puedan trabajar y mostrar sus habilidades, pero ¿Cómo sabes si el lugar donde estás parado en este momento es el lugar indicado para empezar? Es importante saber discernir si dónde estás parado es el lugar indicado para que lo uses como trampolín para pegar el salto. Ánimos amados líderes, si se puede. Hujuuuuuyyyyy

27.- BOCADILLO DE TRANSFORMACIÓN.

Bocadillo
Cambio mi manera de pensar, creo que lo puedo hacer y acciono.
Romanos 12:2

Saboreo

No es Cuestión de que con mis actos y palabras cambie a las personas, sólo por querer cambiarlas, se trata de compartir el mensaje de cambio con quien lo quiera aceptar.

Tal vez cuando piensas en compartir tus ideas, los conocimientos que tienes sobre la vida o sobre cualquier tema que te parezca importante, te preocupe agradarle a quien te oiga y quizás puedas sentir una sensación de necesidad de lograr que los demás comprendan lo que pueda cambiar su manera de pensar.

Tú solamente comparte

lo que sabes y que se conecten contigo los que quieran escuchar lo que tengas que decir. Tú no te conformes a vivir tu vida siguiendo a los demás por ser aceptado solamente. Atrévete a desafiar tus límites transformando tu entendimiento día a día, así descubrirás las grandes capacidades que tú tienes, empezarás a creer en ti, en tu potencial y empezarás a desarrollarlo. Hujuuuuuyyyyy ánimo hermosuras bellas, si se puede!

28.- BOCADILLO DE TRANSFORMACIÓN.

Bocadillo

Alcanzar la responsabilidad en mi compromiso, es llegar al éxito para alcanzar mi propósito.

Filipenses 3:12-14

SABOREO

Cuando haces un compromiso contigo mismo de hacer algún cambio que esperas ver, pero no lo haces por miedo o por decidía, te estancas. Y cuando de repente empiezas a actuar por qué algo te inspiró y entonces te llega el éxito, es ahí donde mucha gente piensa ¡Ya logré mi Éxito! Pero quiero compartirte que "El éxito" no es el fin de todo, es solamente un escalón que subes para acercarte a ese propósito que tienes.

Por eso es importante que sepas que hacerte cargo de trabajar en lo que quieres ser, eso es crecer, madurar y extender tu alcance en todo tu entorno; eso es transformar tu mundo y aportar para el cambio de otros; ese es tu propósito. Deja atrás la queja, la excusa, el dolor, toda clase de sentimientos, aun la alegría del pasado. Extiéndete a lo nuevo, té aseguro que descubrirás nuevas y maravillosas experiencias. Aleluyaaaa!

29.- BOCADILLO DE TRANSFORMACIÓN.

Bocadillo
Cuando mi enfoque está en cumplir mi objetivo, desaparece un plan B.
Lucas 22:42

SABOREO

Mucha gente te dirá que necesitas tener un plan B, por si las cosas no salen bien, pero si te enfocas en que tu plan original ocurra, tendrás muchas más posibilidades de llegar al éxito. ¿por qué pensar desde el inicio que las cosas van a salir mal? Eso sólo es una absurda distracción que no te aportará.

No es que tener un plan B sea malo, o que los planes B sean malos, es mejor que siempre que tengas un objetivo no te enfoques en tener un plan B, mejor enfócate en eso que quieres conseguir. Tu enfoque debe de estar en tu crecimiento más que en una meta, tu crecimiento te transforma y te lleva a tu propósito, la meta solamente te provee un éxito. Haz hoy lo que quieres dejar para mañana, así tendrás espacio para nuevas oportunidades. Al saber que te quedas sin opciones aumentas el nivel de esfuerzo y descubres un potencial de reserva, sin darle permiso a otra posibilidad de comodidad. Termina bien lo que empiezas sin pensar mmmmmm sino me sale bien tengo otro plan, lo haré de otra manera, deja la comodidad y ve por la determinación. 30.- Bocadillo de inversión.

30.- BOCADILLO DE TRANSFORMACIÓN.

Bocadillo
Mi éxito me demanda responsabilidad.
Filipenses 3:12-14

SABOREO
Cuando consigues el éxito, debes tener en claro que con él llega la responsabilidad de hacer el bien a otros y, por otro lado, la responsabilidad de seguir avanzando para crecer aún más y aportarle más luz a otros. Al obtener el éxito en cualquier área de tu vida, eso te debe impulsar a seguir por lo que está más adelante. Un éxito no es el final de la jornada, es solamente un escalón de la extensión de tu escalera (de tu propósito). Vamos, sigue avanzando, todavía hay mucho por descubrir dentro de ti. Hujuuuuuyyyyy ánimo hermosuras bellas, si se puede!

31.- BOCADILLO DE TRANSFORMACIÓN.

Bocadillo

Mi personalidad no define mi conocimiento.
1 Corintios: 2:4

Saboreo

Qué caso tiene que yo quiera deslumbrar a las personas a través de mis enseñanzas con un vocabulario muy elocuente, si en realidad ni yo las aplico en mi vida porque no entiendo cómo hacerlo.

Así que, si tu personalidad es sencilla y tu manera de comunicar es práctica, es ser tú mismo, lo importante es que enseñes lo que tú sabes por ahora, eso te ayudará a entrenar y hacer mejor aún en lo que tú vives.

Debemos desprendernos de las apariencias, por qué sólo son máscaras que fomentan la hipocresía.

Probablemente, habrás visto que la mayoría de las personas se dejan llevar por las apariencias, tu misma o tú mismo has caído seguramente en juzgar a los demás por su manera de vestir o por el trabajo que ejercen; quizás también has juzgado si son extrovertidos o introvertidos y eso no es lo que realmente importa.

Hay personas que, teniendo estudios académicos y preparación a nivel universitario, trabajan en empleos que no tienen nada que ver con sus conocimientos, pero la vida los llevó a estar en esa situación. Quizás un doctor se convirtió en taxista y la mayoría de las personas piensan que es una persona que no tiene conocimientos académicos porque es taxista, pero de repente nos enteramos de qué es un doctor y nos damos cuenta de que hemos juzgado mal. Así pasa con todo en la vida por eso es importante no dejarnos llevar por las apariencias.

No debo fingir algo que no soy, debo aceptarme como soy y seguir creciendo.

Aunque en este momento no seas o no sientas que eres una persona de la cual puedas sentirte completamente orgullosa, no te sientas mal, ¡está bien! De hecho, es sano aceptarnos como somos y reconocer que necesitamos ser transformados, pero nunca hay que comprometer nuestra esencia por querer encajar en ningún contexto. ¡Ánimo hermosuras bellas, Hujuuuuuyyyyy si se puede!

32.- BOCADILLO DE MOTIVACIÓN.

Bocadillo
Volar es mi destino y dejar huella en cada parada.
Filipenses 3:12-17

SABOREO

Aceptar las críticas buenas y no muy buenas me hacen sentir feliz porque puedo aprender de todos.

Una de las barreras más difíciles de atravesar cuando queremos darle voz a nuestro propósito, es enfrentar las críticas. Siéntete feliz porque cuando empiezas a hacer las cosas bien, cuando empiezas a transitar por el camino del cambio, las personas lo van a notar y vas a recibir toda clase de comentarios positivos y negativos, puede que te asuste o te sientas temerosa o temeroso, pero si Dios te ha puesto en esa plataforma y te ha abierto las puertas para entrar en esta nueva realidad, recibirás los medios para hacer frente a todos los desafíos que vengan. Abre tus alas extiéndelas y emprende el vuelo, recuerda que tu diseño es volar, cuando aterrizas es solamente para tomar y dar impulso a otros que quieren unirse al viaje de la transformación contigo. Asegúrate de dar herramientas de libertad para que otros puedan volar con sus propias alas ¡Animo Hermosuras Bellas, si yo lo hago tú también puedes!

33.- BOCADILLO DE INVERSIÓN.

Bocadillo

Mis buenas acciones, llenas de humildad son las que van a demostrar la sabiduría que hay en mí, reflejada a través de mi aprobada conducta por aquellos que sean beneficiados.
Santiago 3:13

SABOREO

Hay buenas acciones que se hacen con orgullo esperando el beneficio propio y la aceptación para vanagloriarse, dejando al descubierto la ignorancia y la carencia de pureza en el corazón. ¡Ha llegado el tiempo de ayudar con misericordia y sinceridad!

Es muy fácil, dejarnos llevar por la creencia de qué somos muy sabios, pero la realidad es que por más que estudiemos y adquiramos conocimiento lo que realmente nos hará ser verdaderamente sabios es lo que hacemos, cuando llevamos a la práctica eso que tanto decimos saber y la intención que tenemos para hacer las cosas. Por ello es importante recordar que cada cosa que hagamos, hay que hacerla desde una intención sincera de ayudar, no por quedar bien con la sociedad o por sentirnos superiores a otros.

Cuando hagas buenas acciones, recuerda que lo haces para ayudar a que otros salgan adelante. ¿Y tú, a quien estás ayudando?

Vamossssss amados líderes, si se puede. Hujuuuuuyyyyy

34.- BOCADILLO DE TRANSFORMACIÓN.

Bocadillo

Si yo no soy quien debo ser y no estoy haciendo nada para cambiar eso, entonces ¿Quién soy yo?

Efesios 2:10

SABOREO

¡Tú vales mucho! no eres lo que dicen las circunstancias en las que ahora vives, ni por las que has pasado. Tú tienes una identidad propia y fuiste creado para hacer grandes cosas y para que disfrutes e inspires a otros. ¡Ánimo! empieza hoy por hacer tus primeros cambios, sé constante y disfruta tu mejor versión día a día. ¡Animo hermosuras bellas!

35.- BOCADILLO DE TRANSFORMACIÓN.

Bocadillo

Yo debo cambiar mis malos hábitos, para evitar lastimar a otros que pueden estar siendo afectados por mis malas acciones.
Proverbios 3:27

SABOREO

Quizás piensas, yo vivo mi vida y no me meto con nadie para que nadie se meta conmigo; o tal vez has escuchado cuando alguien dice, - "yo te doy lo que necesitas así que no me digas nada"-.

Pero no sólo con bienes materiales puedes ayudar a otros. A veces quienes te rodean necesitan otro tipo de apoyo, puede ser un consejo o quizás apoyo moral, y para eso necesitas estar dispuesta a cambiar todos esos malos hábitos y actitudes que te pongan en una posición poco empática. Todas las personas que están en tu entorno están ahí por una razón, y si necesitan de tu ayuda, es porque algo les puedes aportar.

Yeeeeeyyyyyy

36.- BOCADILLO DE TRANSFORMACIÓN.

Bocadillo

Mi buen comportamiento, me provoca hacer el bien, a tener paz y tranquilidad en el camino hacia mi propósito.
  Salmos 4: 14

SABOREO

Cuando decidimos tomar la responsabilidad de nuestros actos, debemos apartarnos del mal y cultivar un mejor comportamiento, así tendremos paz y por consecuencia tendremos el deseo de hacer mejores acciones.

Esto nos dará seguridad en el camino hacia el cumplimiento de nuestro propósito, e iremos dejando buen fruto adonde quiera que vayamos.

Cada acción tiene su consecuencia, si mis actos son buenos, así también será mi retorno.

Si quieres qué en tu vida haya momentos felices, que haya tranquilidad y prosperidad, tus acciones deben acompañar a ese deseo, todos cometemos errores, pero tenemos la capacidad de tomar acción para cambiar todo lo que está mal en nuestras vidas. Todo comienza con el deseo y el reconocimiento de cambio, el siguiente paso es tomar la responsabilidad de ya no cometer los mismos errores. ¡Ánimos amados, si se puede!

37.- BOCADILLO DE INVERSIÓN.

Bocadillo
Botas para el invierno y sandalias para el verano.
Proverbios 13:20

Saboreo

Usar el calzado apropiado para cada temporada, me ayuda a estar confortable y avanzar en mi camino.

Hay personas que llegan a tu vida para permanecer por mucho tiempo y otras para estar solo un poco de tiempo. Debemos aprender a discernir lo que es de vital importancia para nuestro crecimiento, que es de sabios alejarse de lo que te trae dolor pérdida y atrasos.

Siéntete libre de alejarte por un tiempo necesario de aquellas relaciones, qué en este momento no te están aportando nada a tu vida.

Debo buscar tener relaciones positivas, con actitud transformadora, y que podamos tener apoyo mutuo, para que juntos crezcamos.

Si estás expuesta al mundo social lo mejor es que sean gente con la que puedas aprender, crecer y compartir; que tengan deseos de emprender y tengan propósito que los inspire a ambos para avanzar en sus proyectos.

Quieres avanzar? Únete a las relaciones correctas!

Hujuuuuuyyyyy

38.- BOCADILLO DE TRANSFORMACIÓN.

Bocadillo

Mi influencia, puede ser un identificador, para sacar lo que las personas a mi alrededor llevan dentro.
Juan 8. 47

Saboreo

Tú y yo, podemos ser de influencia para alguien, hay mucha gente qué descubre partes de sí misma cuando alguien más se las muestra. No es tu culpa si alguien descubre a través de ti algo de ellos mismos que no les gusta.

Pero si tienes el crédito de ser el espejo donde reflejaron su interior y también tienes la oportunidad de ayudar a las personas para descubrir lo que ya son, sea negativo o positivo.

Eso quiere decir que incluso, lo que llamamos influencias negativas pueden ser de ayuda para nosotros en el sentido de que, si nos topamos con una actitud, comportamiento, o tendencia destructiva y nos sentimos atraídos hacia ella, al saber qué tenemos esa tendencia dentro de nosotros, podemos hacer algo para poder alejarnos de aquello que nos pueda perjudicar.

Estos espejos o influencias nos dan la oportunidad de descubrir qué es lo que hay en nuestro corazón, y si nos topamos con alguien qué nos inspira a hacer cosas buenas y sentimos el impulso de seguirlos y de hacer lo que ellos hacen, debemos estar muy agradecidos de que esa persona haya llegado a despertar en nosotros esa parte positiva y hay que seguirla.

Si por el contrario nos topamos con alguien que pone de manifiesto algo negativo en nuestro corazón, tenemos la oportunidad de primero tener conciencia de qué eso existe dentro de nosotros, y segundo hacer lo necesario para No dejarnos llevar por aquello que sólo nos causaría dolor al final del día.

Entonces, en ambas perspectivas podemos sacar algo bueno de las influencias, e incluso podemos comprender como nosotros podemos ser esa influencia para otros. Hujuuuuuyyyyy

39.- BOCADILLO DE MOTIVACIÓN.

Bocadillo

Soy responsable de mis acciones y me doy crédito por mis logros.
Santiago 1:14-18

Saboreo

Es típico que cuando cometemos algún error, tendemos a culpar a los demás por habernos mal influenciado, mal aconsejado, o les damos todo el mérito a las personas que nos han ayudado cuando las cosas salen bien. En ambos casos esto no es lo más sano, ni lo más correcto.

Nosotros tenemos la libertad para decidir el camino que vamos a tomar, así que, si hacemos ciertas cosas que sabemos que no son correctas, es nuestra decisión el haberlo hecho, ya que nadie nos debe obligar a hacerlo, la mayoría de las veces… puede que sintamos que nos están obligando, pero la realidad es que, en muchas de esas ocasiones, todo estaba en nuestra percepción.

Lo mismo ocurre cuando alguien viene y nos ayuda con alguna cosa a veces pensamos que esa persona es la que vino y nos salvó y tampoco es el caso. No debemos idolatrar a las personas ni tampoco volverlas los malvados villanos de nuestra vida.

Debemos reconocer nuestras faltas, pero también honrarnos.

Me hago responsable por cada decisión que tomo y me celebro por cada logro cumplido.

Si dejamos de culpar o darles todo el crédito a las personas a nuestro alrededor por cada error o logro, estaremos teniendo un transitar por esta vida mucho más saludable. Cuántas veces hemos escuchado es que, si él no me hubiera dicho esto, yo no hubiera hecho eso.

Tal vez escuchaste una canción o leíste algún libro el cual sentiste que te cambió la vida para bien, y dices es que ese cantante o ese escritor me salvó la vida, y ahí empieza el fanatismo.

Recordemos que todo esto que estoy mencionado, ocurrió porque tú y yo decidimos tomar acción. Nosotros somos quienes tomamos las decisiones. Podemos dar crédito y reconocimiento a las personas por algo que hayan hecho a nuestro favor, que nos inspiró o nos afectó de manera positiva o negativa. Sé responsable y celébrate. Hujuuuuuyyyyy

40.- BOCADILLO DE MOTIVACIÓN.

Bocadillo

Mi fe en Dios me ayudó a comprender que Él quiere mi felicidad, mi sanidad, mi prosperidad mi transformación, mi …etc.
Jeremías 29:11

SABOREO

Durante nuestro caminar por este mundo, todos de alguna manera vivimos rodeados de pruebas, y a veces podemos llegar a creer que para poder crecer y madurar debemos sufrir. Nooooo ese no es el deseo de mi Papá! Cuando tú empiezas a tener una cercanía con Dios, una relación que no tiene nada que ver con ser una persona fanática religiosamente hablando, estoy hablando de una relación personal de amor. Es hasta entonces, en ese justo momento, cuando puedes comprender que en ningún momento el plan de Dios fue traernos aquí para pasarla mal. Él nos trajo aquí para vivir, para gobernar los sistemas de este mundo, para tener poder, para tener dominio, para traer orden, para disfrutar, para que creciéramos y compartiéramos tiempo y experiencias los unos con los otros.

Han sido nuestras acciones las que nos han llevado al sufrimiento y no es cuestión de odiarnos a nosotros mismos y recriminarnos todo lo que hemos hecho mal, simplemente nos toca entender nuestra responsabilidad y tomar acción para nuestra transformación.

La fe en Dios es justamente lo que nos separará del sufrimiento, es la que nos ayudará a que, sin importar las circunstancias, incluso si todo se ve negativo y obscuro, nos mantendrá enfocados en seguir adelante nos alumbrará nuestro entendimiento para ser transformados y nos unirá a nuestro propósito. ¿En qué o en quien está puesta tu Fe? ¿Te está ayudando?

Hujuuuuuyyyyy ánimo amados líderes, si se puede!

41.- BOCADILLO DE TRANSFORMACIÓN.

Bocadillo

♡Cada crisis es una oportunidad para sacar el potencial que llevo dentro, para darme cuenta lo capaz que soy para triunfar.
♡

Números capítulos 13-14

Saboreo

Todos podemos recibir la misma enseñanza, todos podemos ser expuestos a la misma situación, pero cada uno es responsable de que actitud elegir o escoger para actuar. No necesitas vivir en una crisis para crecer, pero si te toca enfrentarla sácale provecho. Tú decides: ¡te dejas vencer y te calificas como auto derrotado o decides creer, que puedes enfrentar y ser un triunfador! Hujuuuuuyyyyy Ánimo hermosuras bellas, si se puede! Jajajajajaja

42.- BOCADILLO DE MOTIVACIÓN.

Bocadillo

♡ Una creencia ilimitada aumenta mi Fe y me posiciona! ♡
Mateo 17:20

Saboreo

Cree sin limitaciones, cuando te atreves a creer te liberas. Yo creo en Dios como mi creador y como el que hace todas las cosas posibles. Esa Fe me ayuda a creer en mí también en todo lo que puedo lograr con su ayuda, eso me hace tener un lugar de alta estima. Creer es volar por el infinito, es materializar una idea concebida, es ser responsable, es ser visionario, es poner en acción tu poder y tu dominio. Hujuuuuuyyyyy si se puede!

43.- BOCADILLO DE INVERSIÓN.

Bocadillo
♡ Hoy abro camino, para dejarle el pase a mis generaciones. ¡Y asegurarme de conservar mi legado! ♡
Salmos 102:28

Saboreo

Mi transformación personal debe cambiar la atmósfera de mi

entorno y afectar a todas mis generaciones. Reprodúcete en alguien que amas y que desea abrirle paso a la abundancia. Equipa a ese líder con carácter capaz de ir más profundo. Abrir es enfrentarse a lo desconocido, es entrar a conquistar y poseer un nuevo terreno para la expansión de tu reino, es ceder el paso a los que vienen detrás de ti, es amar a otros, es darle seguridad a los demás para que vallan a donde todavía no has ido tu.   Abrir camino, es ser apasionado por servir a otros y posicionarlos con un anclaje de pertenencia (de herencia).

Hujuuuuuyyyyy

Grumpy for Justice!

♡🙏💪

44.- BOCADILLO DE TRANSFORMACIÓN.

Bocadillo

♡ Mis motivos alimentan mis esfuerzos, mi buena actitud engrandece la voluntad de realizarlos, el realizarlos revela mi carácter.

Asegúrate de que tus motivos sean productivos! ♡

Números 13:30,14:6-9

Saboreo

Si analizas el porqué de lo que haces, sacarás fuerzas que en ti no se habían reflejado, el estar disponible, aumenta las ganas de llevarlos al hecho, cuando estás trabajando en ellos nada te detendrá, ¡té mantendrás firme porque la pasión por ver tus metas realizadas y lo que vas a contribuir a los demás te hace sentir realizado! Hujuuuuuyyyyy Ánimo hermosuras bellas, si se puede.

Grumpy for Justice! ♡ 🙏 💪

45.- BOCADILLO DE MOTIVACIÓN.

Bocadillo

Si mi inspiración solamente te provoca emoción, te trae motivación, o simplemente te deja asombrado, pero no aporta transformación a tu vida, ¡inspírate en otros! ♡

1 Corintios 11:1

Saboreo

Que tú razón de inspirar a otros sea para que ellos crezcan y descubran su propósito, tu ejemplo debe ser sólo el inicio de su transformación para cada una de sus etapas.

¡Tener seguidores significa, tomar un alto nivel de responsabilidad!

¡Ánimo hermosuras bellas!

Grumpy for Justice! ♡ 🙏 💪

46.- BOCADILLO DE TRANSFORMACIÓN.

Bocadillo

♡ ¡Inteligencia Emocional, Sabiduría Espiritual y Voluntad propia son 3 ingredientes para transcender a lo desconocido! ♡
Filipenses 2:13

Saboreo

Para llegar al lugar a donde tú vas en cualquier área de tu vida, necesitas conocerte, estar dispuesto a aprender de tu Creador y empezar a caminar. Te enfrentarás a diferentes eventos, pero tú los verás como tus aliados mensajeros para el siguiente escenario.

Quizás eres muy talentoso y manejas muy bien lo que sabes hacer, pero si no tienes una conexión Espiritual, créeme que estás vacío, llegarás a un punto donde todo, llegará a ser nada de valor para ti.

¡Tal vez tienes gran conocimiento Espiritual y haces grandes obras para ti y para los demás, pero si te tocan algún punto de tus emociones y eso no lo sabes manejar, eso te estorbará para llegar a la cima de tu montaña!

¡Ánimo hermosuras bellas, si se puede!

Grumpy for Justice!

47.- BOCADILLO DE MOTIVACIÓN

Bocadillo

♡Si en mi mente cabe la posibilidad de hacer un gran proyecto, estoy seguro de que lo puedo ver hecho en mi realidad ♡
Marcos 9:23

Saboreo

Si tú crees que puedes lograr grandes cosas en tu vida, yo lo creo también. Te animo a que lo empieces a realizar, porque te aseguro que alguien está esperando por ti, para ser transformado. De hecho, lo debes de hacer para poder mostrar tu responsabilidad. ¡Creer es ser responsable!
Hujuuuuuyyyyy Ánimo hermosuras bellas, si se puede.
Grumpy for Justice! ♡ 🙏 💪

48.- BOCADILLO MOTIVACIÓN.

Bocadillo

♡Mi plan es tan grande, que necesita la participación de un gran equipo comprometido. ♡
Éxodo 36:2-7

Saboreo

Para lograr tu visión, necesitas compartir con otros todos los planos, es necesario involucrar a otros elementos, que te ayuden con la construcción de tu estructura. Trabajar tú solo, no muestra tu liderazgo, solamente deja saber lo pequeño de tus sueños. Aprende a identificar a tu catalizador, a delegar y a soltar la responsabilidad a otros. ¡Eso se llama multiplicación!

Hujuuuuuyyyyy

Grumpy for Justice! ♡ 🙏 💪

49.- BOCADILLO DE TRANSFORMACIÓN.

Bocadillo

♡Mi actitud determina mi acción,
Si mi actitud es correcta, mi corazón está bien alineado♡
Génesis 4:3-7

Saboreo

El líder sabe que su líder alumno es capaz de hacer mucho más, por eso le exige, para desarrollar su máximo potencial. Cuando el líder aprendiz tiene una actitud correcta de aprender, se alinea a las órdenes de su líder entrenador, a pesar de su incomodidad, porque su enfoque está en su crecimiento.

¿En qué área necesitas crecer?

Suelta los celos o la envidia para que lo que hagas te sea aprobado.

¡Una buena actitud del corazón suelta a la abundancia de ser aceptado!

Yeeeeeyyyyyy

Grumpy for Justice! ♡ 🙏 💪

50.- BOCADILLO DE MOTIVACIÓN.

Bocadillo

♡Si te explico de una manera muy simple, es porque lo he entendido, si me ves que lo hago, es porque lo he aprendido. ♡

Santiago 1:25

Saboreo

Cuando tú entiendes las instrucciones, vas a poder traducir a otros el mensaje de una manera muy clara y sencilla; cuando pones en práctica y desarrollas la habilidad del conocimiento obtenido, se refleja tu aprendizaje a través de tus acciones. Quieres ser próspero? Pues lleva a la acción lo aprendido.

Hujuuuuuyyyyy Ánimo hermosuras bellas, si se puede.

Grumpy for Justice! ♡ 🙏 💪

61.- BOCADILLO DE MOTIVACIÓN

Bocadillo

♡ Natty Torres (menciona tu nombre)
Resplandece porque ha llegado tu luz ♡
Isaías 60:1-3

Saboreo

A ti te digo, mantente en movimiento, porque hay una luz para ti que está a punto de encontrarse contigo. Brilla con tu propia esencia e irradia a los demás, así como lo hace el sol, la luna y las estrellas, seamos de influencia para otros, valora y ama lo que ahora eres, abre tu mente y tú corazón para la constante transformación, el mundo quiere encenderse y está esperando por ti.

Naciste para brillar y parar alumbrar a los demás, mientras les llega su propia luz.

Hujuuuuuyyyyy

Grumpy for Justice!

62.- BOCADILLO DE MOTIVACIÓN

Bocadillo

♡**No es lo que haces, es para que lo haces.** ♡
Juan 14:12

Saboreo

Yo creo en lo que está dentro de mí, por eso estoy aquí para decirte:

Así como yo puedo, tú puedes lograr lo que te propongas también. Yo creo en ti. Ánimo, aumenta tu Fe.

Quiero inspirarte a que realices tus sueños, saca tu potencial, te aseguro que ya Dios lo puso dentro de ti. Empieza con lo que tienes, con lo que sabes hacer y ve por lo que deseas obtener. Recuerda que todo lo que haces tiene un propósito. ¿Cuál es tu aportación para los demás? Ánimo hermosuras bellas, si se puede. Hujuuuuuyyyyy

Grumpy for Justice! ♡ 🙏 💪

63.- BOCADILLO DE MOTIVACIÓN

Bocadillo

♡Un buen y gran líder debe permanecer en constante entrenamiento y servicio! ♡
Juan 5:19-21

Saboreo

Aquí Natty Torres (La reina). Hujuuuuuyyyyy amados **líderes, sigamos desarrollando** todas nuestras capacidades. Tienes a un Mentor y/o a un Coach a tu lado, del cual estás aprendiendo? A quien estás brindando mentoría y/o entrenando? Vamos, la transformación y el ayudar a los demás diariamente, habla de que tan grande es tu influencia. Recuerda que ayudar, el vender y el comprar también es un acto de servicio. Te animo a que siempre podamos decir: aquí estoy para servirte. Yeeeeeeyyyyyyyy si se puede!

Grumpy for Justice! ♡ 🙏 💪

64.- BOCADILLO DE MOTIVACIÓN.

Bocadillo

♡Amados, Yo sé que: "Todo va a estar bien, por eso, haz que las cosas sucedan" ♡

Romanos 8:28

Saboreo

El amor es la llave 🔑 para abrir al bienestar de tu vida. Para los que amamos al amor, todas las cosas serán a nuestro favor. Por muy difícil que veas tu situación ama y actúa con amor, porque en el amar está el éxito a tu problema. El amor rompe la barrera del mal. Decide con sabiduría y torna las cosas a tu favor con el amor.

Cuando dices que todo va a estar bien, te estás haciendo responsable de hacer pasar las cosas en las que creíste. ¡Cree y acciona para que todo esté súper bien! No se trata de decir que todo va a estar bien y te cruces de manos a esperar que la situación cambie por si sola, nooooooo

Jajajajajaja ánimo hermosuras bellas, si se puede!

Grumpy for Justice! ♡ 🙏 💪

65.- BOCADILLO DE MOTIVACIÓN, TRANSFORMA-CIÓN E INVERSIÓN.

Bocadillo

♡¿Yo aquí, cosechando millonadas de dólares Jajajajaja (trabajando) y tú? ¡No te comas tu semilla! ♡

Ezequiel 34:26

Saboreo

Si, lo que oíste, no te comas tu semilla. La semilla es para sembrarse, para trabajarse, para cuidar de ella y multiplicarse. El fruto es para saborearlo, para comerlo y para invertirlo en otros, ya sea en servicio de ventas

o regalándolo, esto es mentalidad de abundancia.

Te pregunto:

¿Te estás gastando tus ganancias? Estás esperando que otr@s te regalen las cosas a ti? ¿Te llenas con ver el triunfo 🏆 de otros, mientras tú dejas pasar tu tiempo?

Recuerda, siembra para que nunca termine tu cosecha. Atrévete a ser responsable y conviértete en un sembrador. Hujuuuuuuyyyyy Grumpy for Justice! ♡ 🙏 💪

66.- BOCADILLO DE TRANSFORMACIÓN.

Bocadillo

♡Mi agradecimiento engrandece mis fortalezas, mientras que tus quejas debilitan tu esperanza ♡
Filipenses 4:6

Saboreo

El creer que las cosas van a estar mejor, alimenta a tu esperanza a crear el cambio a un futuro mejor. Ser agradecido te eleva a una perspectiva de libertad, para seguir avanzando y lograr más de lo que puedes imaginar. Solucionar y resolver problemas fortalece tu Fe y te inspira a lograr lo deseado, dejando atrás el reclamo. Sé agradecido por lo que tienes y tendrás paz.
Hujuuuuuuyyyyy ánimo hermosuras bellas!
Grumpy for Justice! ♡ 🙏 💪

67.- BOCADILLO DE INVERSIÓN.

Bocadillo

♡Es mejor evadir la propuesta, que dejarla incompleta ♡

Mateo 5:37

Saboreo

Si yo estoy dispuesta a decir "Si" a todas las diligencias y personas que realmente ocupan mi tiempo y energía, entonces podré decir "No "a las que solamente me consumen en exceso. ¿En qué o a quien le pones tu enfoque? Es mejor aprender a decir No, que saber decir Si y dejarlo a medias. Aprende a identificar prioridades.!

Yeeeeeeessssssss
Grumpy for Justice! ♡ 🙏 💪

68.- BOCADILLO DE MOTIVACIÓN.

Bocadillo

♡La Vida me da un recorrido para arriba y para abajo♡
Proverbios 13:4

Saboreo

Tú decides en que punto mantenerte, es mejor con la actitud positiva, planeando y accionado, que siendo víctima y mirando cómo todo se te desmorona. Depende la postura en la que tú decidas mantenerte, esa será la distancia entre tú éxito o tu fracaso. ¿Diligente o Negligente? ¡Tú decides! Yeeeeeeyyyyyyy

Grumpy for Justice!
♡ 🙏 💪

69.- BOCADILLO DE TRANSFORMACIÓN.

Bocadillo

♡Hay olas que necesitas brincar para pasarlas, hay otras que debes sumergirte y esperar que pasen♡
Proverbios 22:3

Saboreo

Hay eventos que debes enfrentar para poderlos resolver, pero hay otros que no debes darle mucha importancia, de igual van a pasar. ¿En qué problemas estás invirtiendo tu energía?

Asegúrate que sea en los correctos.

Sé prudente, cuando hay peligro protégete, apártate, debes de considerar si es necesario seguir, y con cuidado, tomar las precauciones necesarias, para avanzar sin tener que sufrir las consecuencias de pérdidas.

¡Ser cuidadoso es ser abundante!

Hujuuuuuyyyyy

Grumpy for Justice! ♡ 🙏 💪

70.- BOCADILLO DE MOTIVACIÓN.

Bocadillo

♡ Soy una menos, pero soy una más ♡
Génesis 1:27

Saboreo

Quizás te consideras una persona menos en ciertos grupos, te sientes rechazada o que no encajas en su ámbito social, te miras y no te pareces a nadie. De hecho, te quieres parecer a los demás para ser aceptada.

Hujuuuuuyyyyy te tengo buenas noticias, tú eres una persona más, que calificas para aprender a desarrollar tus habilidades, para descubrir todas las capacidades que ya están dentro de ti y no te habías dado cuenta. Tú no eres menos ni más que nadie, tú eres una persona única y maravillosa, con cualidades extraordinarias, que pueden transformar a generaciones enteras. Hujuuuuuyyyyy ánimo hermosuras bellas, si se puede!

Grumpy for Justice! ♡ 🙏 💪

71.- BOCADILLO DE INVERSIÓN.

Bocadillo

♡Mi presencia pone al descubierto mi provisión ♡ Mateo 7:8

Saboreo

Tu presencia es estar presente a través de tu voz, de un mensaje, de una orden, etc.… tu presencia física es requerida en algunas ocasiones, pero tu liderazgo, tu nombre, tú poder, tu autoridad, tu marca, etc. pide lo que necesita y lo recibe, lo que busca lo encuentra, donde se para se le abren las puertas. Hazte presente en todos los lugares a través de los medios que puedas, te aseguro que en cada lugar hay provisiones para ti, haz oír tu voz para que puedas ser escuchado y se manifieste tu poder y tu autoridad. Hujuuuuuyyyyy

Grumpy for Justice! ♡ 🙏💪

72.- BOCADILLO DE TRANSFORMACIÓN

Bocadillo

♡ Mi Identidad revela mi autoridad ♡
Lucas 7:6-8

Saboreo

Mientras más te conoces, más vas a estar enfocado haciendo para lo que fuiste creado. Cuando tú estás produciendo desde tu molde, dejas saber a otros quien tu eres a través de tu esencia.

Tu influencia atrae la atención de los que serán beneficiados, a través de tus palabras y tus acciones. Enfócate en conocer y caminar en quien tú eres, despreocúpate por saber quiénes te van a identificar, créeme que por sí mismos estos llegarán. Hujuuuuu-yyyyy

Grumpy for Justice! ♡ 🙏 ♡

73.- BOCADILLO DE MOTIVACIÓN, TRANSFORMA-CIÓN E INVERSIÓN.

Bocadillo

♡Para ser más excelente, necesito inspirarme, aprender y prepararme de alguien mucho más grande que yo. ♡
2Timoteo 3:16-17

Saboreo

¿Quién es tu fuente de inspiración, de que personas estás aprendiendo y permitiendo que te corrijan?

¿Cuál es la fuente de inspiración para ti, que libros estás leyendo 📚, que enseñanzas estás deteniéndote a escuchar? ¿Con que fin te estás preparando y para qué? ¿A dónde quieres llegar y a quien quieres ayudar? Aleluyaaaa

Grumpy for Justice! ♡ 🙏💪

74.- BOCADILLO DE TRANSFORMACIÓN.

Bocadillo

♡ ¡MI PUNTO DE PARTIDA DEBE SER GUIADO POR UN BALANCE, PARA TRAER IGUALDAD Y LIBERTAD A LAS SIGUIENTES GENERACIONES! ♡
Mateo 7:12

Saboreo

Todo lo que quieras emprender hazlo con pasión y responsabilidad, sin comprometer ni controlar los deseos de los demás. Respetar la opinión de los otros y seguir avanzando en lo tuyo trae equidad y felicidad. Sé motivación para otros, invierte tiempo en ellos y permite que tengan la libertad de disfrutar su propia transformación.

Hujuuuuuyyyyy Ánimo amados líderes!
Grumpy for Justice! ♡ 🙏 💪

75.- BOCADILLO DE INVERSIÓN.

Bocadillo

♡Mi lealtad ante ti no depende solamente de cuánto tú me amas o cuánto haces por mí, mi lealtad hacia ti es por todo el valor que tiene tu vida para mí.
Salmos 15:4b ♡

Saboreo

Quieres saber si tú tienes lealtad? Lo puedes descubrir en varias situaciones. Cuando a una persona que tú amas le cuentas una situación que te está pasando, está persona va y cuenta esas mismas cosas a su manera e involucra a otros y asegura que tú así se lo dijiste aun estando tu enfrente de ella, y a pesar de todo lo perdonas y te mantienes íntegro sin hacer ningún daño, y además le das un buen final a esa situación. Wow, que nivel de madurez. Una amistad verdadera cultiva una verdad y cosecha lealtad.
¡Ánimo hermosuras bellas, si se puede!
Grumpy for Justice! ♡ 🙏 💪

76.- BOCADILLO DE INVERSIÓN, MOTIVACIÓN Y TRANSFORMACIÓN.

Bocadillo

♡Mi reino consiste en ser justo en mis negocios, descansar en la confianza de que todo va a estar bien y disfrutar mientras avanzo. ♡
Ro. 14:17

Saboreo

Tu avance no consiste en tener todo para saciarte y dejar a otros con hambre. ¡Se vive en Paz cuando creces y ayudas a crecer a otros, cuando celebras tu éxito y el de los demás porque te sientes realizado! Revisa tu pesa (tu balanza ⚖️) para que sea justa, tengas paz y tengas gozo. Hujuuuuuyyyyy
¡Los amoooooo hermosuras bellas!
Grumpy for Justice! ♡ 🙏 💪

77.- BOCADILLO DE AUTOCONOCIMIENTO

Bocadillo

♡Cada uno de mis pensamientos es como una corriente eléctrica negativa, pero si la conecto a mi corazón empieza a generar energía positiva. ♡
Proverbios 14:12

Saboreo

Se que tienes maravillosas ideas para construir hasta un imperio 💡, pero es necesario que las pases por un filtro llamado corazón ♥ para sacar lo mejor de ti, y puedas pasarle corriente ⚡ a otros.

⚠️Cuidado ⚠️ Hay pensamientos que si los llevas a la acción por sí solo, pueden llevarte a la destrucción. Vamos, construye bien tu reino. Examina tus pensamientos, que tus decisiones no sean basadas en tus emociones y detente a considerar la voz del que guía a tu corazón para que obtengas mejores resultados. Hujuuuuuyyyyy los amooooooo con todo mi Corazón!

Grumpy for Justice! ♡ 🙏💪

BITES FROM
MY KINGDOM

TABLE OF CONTENTS

1. A BITE OF SELF-RECOGNITION

Bite

"The principles won't change, but the strategies and methods will have to. "
1 Corinthians 15:21-22

THE TASTE

You have undoubtedly done a lot of different things and believe that you are incorrect or that something is wrong with you, but the problem is not you, but the things you do, or possibly the tools you use, or the ones you do not use, and the thoughts you have... No matter how hard things are for you, I want you to keep picturing yourself as a successful person, a woman or man who has something valuable to offer the world.

Wooooohooooo!!!! Keep your chins up, lovely ladies; you can do it!

Grumpy for Justice! ♡ 🙏

2. A BITE OF FAITH

"Many things can be changed in the world, plans can be modified, but the design of my heart can never be changed, because what is in my heart only comes from God"
Isaiah 55:8-9

THE TASTE

How often have we allowed ourselves to be swept away by what others do or claim is right instead of listening to the advice of our own hearts? Some of the choices we make and the ways of life we lead are not what we truly desire, but we do them because we have seen that they have helped others. As a result, we may start to believe that we are the ones in the wrong, and we may become confused without even realizing that we are not paying attention to our inner selves. However, the words, "Your thoughts are not my thoughts," must not be forgotten. Get in touch with your creator, as he is the one with the instructions for your life's work. Woohoooooo!!! Cheer up beautiful beauties! You can do it!!!!

Grumpy for Justice!

3. A BITE OF FAITH

"We were all created in a unique mold, nobody is the same as me. In this mold is my personality, my dreams, and my desires... I will not contaminate it with the negative that exists out there, because I know that we are all beings of light"

Psalms 139:16

THE TASTE

We enter this planet with positive emotions and with the intention of leading joyful lives. We do not come to roam through this world accumulating grudges, remorse, misery, and hatred; rather, we come to learn from one other and to magnify our skills and qualities. That doesn't match our design and only serves to slow down or stop our growth. Let's respect ourselves and those around us, connect with and recognize our divine essence, and take care of one another. Woohoooooo!!!!! Cheer up beautiful beauties! You can do it!!!!

Grumpy for Justice!

4. A BITE OF LEADERSHIP

I believe in this: "We all have a leader within us, and we do not come into this world just to occupy a space." We are all here to contribute something!

Exodus 3:7-12

THE TASTE

Each person has a leader inside, so you might wonder, "Am I a leader to myself?" The answer will always be yes; all you must do is give yourself the chance to learn more about yourself. Finding that leadership that you possess and, more importantly, believing in yourself and your abilities as a leader can help you set an example for others. There is always something in you that will contribute to your knowledge and provide support; you just have not given yourself the chance to do so, so take this as your cue to start.

Yaaaaayyyyyy!

Grumpy for Justice!

5. A BITE OF INFLUENCE

I dare to be an impact for others; I left a legacy to my generations through my Faith and my knowledge, and I will contribute everything I can.

Joshua 24:15

It is clear that we all lead different lives and have had different experiences, but I want you to know that, despite that, there are things that we have been fascinated by since childhood; it could be healing people, teaching, or running a business, and perhaps these circumstances have taken you down a different path, but today is the day where you return to your true purpose. Become the true leader of your life and be that influence on others.

Yaaaaayyyyyy!

Grumpy for Justice!

6. BITE OF PERSONAL ACCEPTANCE

I must not deny my gifts, nor forget or reject what I was inherently called to do.

Genesis 25:29-34

THE TASTE

At times, we deny our destiny and the calls we've felt since childhood because we're too scared to act on them. Maybe you've always had a way with words or were naturally outgoing as a kid; maybe you excelled at sports as a kid or always wanted to be the class president, but you've buried those talents out of self-doubt or a fear of public ridicule.

Our abilities are not a fluke, but rather a gift from the universe that we should develop and use for the benefit of others. To find your way to your life's true meaning, it's important to be grateful for what you already have. Yaaaaayyyyyy!

Grumpy for Justice!

7. BITE OF WISDOM

Although I must live through difficult situations, I will not forget two things, the first, everything will work for the good and the second, God wants me to live happily and everything I have gone through, he will reward me with blessings and wisdom.

Romans 8:18 and 28

THE TASTE

Don't ignore your hardships for too long; trust me when I say that nothing lasts forever and that everything, we go through can be used to make us stronger and wiser if we can find the wisdom to learn from them. I am not suggesting that every bad thing that has happened to you has been a lesson you must learn; many negative events occur as a result of the poor choices of others, and sometimes the results of our own, and sometimes there is simply no explanation, and it may seem that we cannot find anything good or anything that makes a significant contribution to us, but I can assure you that every bad thing helps us to become more resilient. Also, remember that God sees the whole picture, and he will never abandon you, no matter what has happened. He will give you strength, and in the end, everything you've been through will make sense, turning you into a smart and mature person.

Yaaaaayyyyyy, Cheer up beautiful beauties! You can do it!!!!
Grumpy for Justice!

8. BITE OF SELF-CONTROL

I decide how to react to what happens to me, I can stay as I am, suffer for my circumstances or move forward trusting that God wants me to live abundantly and happily. My responsibility for transformation and action is also required.
Deuteronomy 30:15-19

THE TASTE

We must stress the significance of this fact. God's will for us is not one state of constant anguish. In His design, we are to have a life that is rich and satisfying, one in which our needs are met and then some. Even though not all the bad things that happen to us are lessons, they still happen, and the way we deal with them is exactly what makes us learn and grow as a person and as a member of society.
Yaaaaaayyyyyy, Cheer up beautiful beauties! You can do it!!!!
Grumpy for Justice!

Self-Improvement Bites

9. BITE OF ACTION

My success comes when my responsibilities are bigger than my excuses and I start working on them.
Matthew 25:20-29

THE TASTE

Are you looking to enjoy life to the fullest and achieve your goals in every endeavor? Focus on the outcomes you want to see for yourself. Put on a brave face and deal with the difficulties that will inevitably emerge. Don't try to find someone to put the blame on if you fail to meet your goals. Establish and maintain a list of priorities. Start with what you already have, with what you know, wherever you are. Stop making excuses if you really want to make a difference in your life and accomplish all your goals, no matter how large or challenging they may be. Justifications are veiled statements of fear, and it is natural to be uneasy about something new. But you need to keep your eyes on the prize so that you can achieve true success more quickly.

Woohoooooo!!! Cheer up beautiful beauties! You can do it!!!!
Grumpy for Justice!

16

10.- BITE OF SUCCESS

My success today is a signal moment. The drive to move on to the next door that will lead me to fulfill my purpose.
Psalms 84:7

THE TASTE

Do not put off until tomorrow what you can do today to move closer to your goals and dreams. It's possible that you still haven't figured out your life's goal, but today is a great day to start searching. No improvement, no matter how small, can ever be taken for granted. Each accomplishment forces us to step up and assume control of the next venture.
Yaaaaaayyyyyy!!!!

BITES FROM MY KINGDOM FROM 11-20

11.- BITE OF SELF-ESTEEM

Bite

I am open to learning from my experiences and my actions, and to listening to my opinions and my knowledge.
1 Corinthians 2:6-16

THE TASTE

We all have the ability to use our intuition. Don't be scared to listen to the concept of trusting your expertise, expressing your thoughts, and listening to your inner voice. Dare to communicate with yourself and learn from your mistakes. Take heed and work hard to become your best student.

Yaaaaaayyyyyyyyy

12.- BITE OF MOTIVATION

BITE

There is a time and a specific moment for me, today I am going to discover it and take advantage of it.

Ecclesiastes 9:11

THE TASTE

Start by doing what you like and are passionate about. This will help you figure out how to spend your time. There will come a time when you get your big chance on a stage or with the right people. Don't wonder if you're the right person to get it, if you're ready to get it, or if you deserve it; just take it! Let go of your frustration now that time has passed, and you've not done what you said you would. Your mindset should be to do it today: take responsibility for applying what you learn today, walk in it, and keep unwinding. What opportunities do you currently have waiting for you?

Come on, take advantage of it! Yaaaaaayyyyyy

13.- BITE OF LEADERSHIP

BITE

Change gives me growth. If I grow, I become an influence. When it is influence, I will understand that I have multiplied.
Hebrews 11:8-12

THE TASTE

Shifting from a mentality of scarcity to a mentality of abundance will help you grow into a powerful leader. You have the faith, hope, strength, security, life, etc., and the responsibility (the need) to grow spiritually in a big way.
Woohoooooo!!!! Cheer up beautiful beauties! You can do it!!

14.- BITE OF CHARACTER

BITE

I need to stand firm in my position, to fulfill my purpose.
Proverbs 6:6-11

THE TASTE

Maybe you're feeling like you're stumbling in your efforts, like your energy is dwindling, like the pain is too much to bear, like you can't see a way out, like you've wanted to give up, but I'm here to tell you that the time has come for you to get up and get moving. Remain on your path, keep your eye on the prize,

19

and remember that even baby steps bring you closer to the top. It's important to take it little by little, to let go of stress, and revel in small victories along the way. You become irresponsible and destroy your productivity when you stray from your position by holding on to laziness, discouragement, and criticism. Therefore, it is crucial that you return to your roots and reconnect with your destined abundance once again. You are destined for greatness. Be glad that the world will see you in a great, strong, and honorable stance. Woohoooooo!!!

15.- BITE OF HUMANITY

BITE

It is not worth more how much I know. What matters most is: How much do I do with what I know.

James 1:22

THE TASTE

You may very well be able to brag about your extensive master's degree, doctorate, or other academic credentials, as well as your professional experience. Congratulations! In other words, that's great! But give me concrete examples of everything you've accomplished by applying your knowledge on a regular basis so that I'll be inspired to do the same. Cheer up, it's possible! Woohoooooo!!!!

16.- BITE OF CHARACTER

BITE
My way of thinking helps determine my way of being.
James 1:22-25

THE TASTE

The direction your ideas are taking you is becoming increasingly clear. Keep in mind, though, that ideas without action amount to nothing but a dream (wish). Believe in yourself and your abilities. Give value to your dreams so that you can make them a reality.
Woohoooooo!!! Cheer up! It is wise to have determination!

17.- BITE OF MOTICATION

BITE
I am stronger when I defeat the one who made me believe I was weak.
James 4:7

THE TASTE

To persevere in the face of adversity is to triumph over your own flaws, to reveal resources of strength you did not know you possessed, and to have faith in your own ability to shatter any barriers holding you back. Recognize your advantages and capitalize on them; they will serve as a barrier against harm and a shield against the deception that you are powerless. Woohoooooo!!!! Cheer up!!! You can do it!!!!!!!

18.- A BITE OF CHARACTER

BITE OF CHARACTER

Character is self-discipline.
Proverbs 29:25

THE TASTE

Even though other voices try to sway me away from my goals and hinder my growth, I know that if I stay true to my decisions, I'll reach a very high level of security. I trust the One who gave me this potential, I believe in it, and I work toward it every day. I will soon see the results. Yaaaayyyyyy!!! You can do it!!

19.- BITE OF TRANSFORMATION.

BITE
Today I make drastic changes, that can show me how bad I was.
Matthew 3:8

THE TASTE

Dare to do something today that is the opposite of what you typically do. Decide to work and watch your outcome. Invest in yourself so that you can improve your skills and recognize your accomplishments. Making a radical change enables you to view the situation from a different angle and creates a landscape that will help you recognize any blind spots. Yaaaaayyyyyyyy!!!!

20.- A BITE OF MOTIVATION.

BITE
Today I am going to enjoy what I have, so I stop being anxious about what I expect.
Matthew 6:34

THE TASTE

Focus on what you have and appreciate what you have already accomplished; you have earned a grand celebration. This will keep you occupied until the things you're waiting for come along, and when they do, you'll be overjoyed when you finally do. Anxiety needs to be treated with peace.
Whoohooooo!!!
Grumpy for Justice!

21.- BITE OF INVESTMENT

BITES

The amount of investment I make today lets me know how far I want to go.

Matthew 5:41

THE TASTE

How much are you investing in a happy, long-lasting marriage? If you want that to happen, you must commit and invest your time to build affective and happy relationships. If you want a successful business, how much are you investing in making yourself known? Invest in your personal and professional growth if you want to contribute to your city, country, or community. If you want great things, you must make great commitments and investments. This helps you set goals. How much time are you investing into your new business? When do you measure your path? Do you trust your productivity to go beyond? Achieving a goal encourages you to take responsibility and go further. Your training depends on crossing the line you drew; your standard is to be constant and extraordinary.

Yaaaaaaayyyyyyyyy!!!!!

22.- BITE OF INVESTMENT

BITES

Through my efforts and financial commitments, I am paving the road for my future generations. I give back by making sure I leave a legacy.

Psalms 102:28

THE TASTE

Your contributions should be a legacy for your children. When you start a project, think about your family and how it will inspire your children, grandchildren, and other offspring to help others. My transformation must affect generation after generation. Transform yourself into someone who wants abundance. Become that leader with the will to go even further beyond. To allow yourself to blossom is to embrace the unknown. It is to accept, to conquer, and possess a new territory for the expansion of your kingdom. Being passionate about helping others and establishing them as a source of belonging is what it means to lead by example.

Woooohoooooo!!!

23.- BITE OF TRANSFORMATION.

BITES

It's about recognizing I can choose how long I remain in a slump; there is a way out if I make the effort to find it.

Proverbs 3:6

THE TASTE

We stop being victims when we realize we can get out of any bad situation. Explore other options. That's the only way to overcome troubles and change your life. Asking for help is an act of humility and fuels the desire to go further. A mentor helps you move forward, puts firmness on your path so you can go further, so you can reach your destination with abundance, and minimal losses. It helps you bring out your inner leader (Jesus Christ). A coach helps you discover yourself, reveal what is inside you, and develop your true leadership (Holy Spirit). Allowing someone to help you out of a dead end. Learn from others and experience new things. To make a mistake is to learn; seek help. start over, return to your path. Yaaaaaayyyyyyyy!!!!

24.- BITE OF TRANSFORMATION.

BITES

My stance leads to the change of my circumstances.

1 Samuel 9:1-13

THE TASTE

Everything changes when your attitude does. If you see your-self as successful and adopt a business leader's posture, that positive energy will help you. You must seem and feel success-ful, but also embrace a successful posture. Changing how you see yourself changes your situation. You must see yourself as a queen, king, businessman, with beauty, determination, firmness, etc. When you have a winning attitude, your situation changes. Use what you have and what you know, no matter how little you value it, to improve your situation. Yaaaaaaayyyyyyyy!!!!

25.- BITE OF MOTIVATION.

BITES
Today I see the future me, which drives me to modify how I view myself today.
Hebrews 11.1

THE TASTE

If you see yourself as the person you dream of being, your mind will be programmed for that reality, and from there you can make progress with confidence. If you only focus on what you hate about yourself, you will never move forward. Maybe you're in a bad situation and can't seem to find a way out; maybe you're living the life you never wanted. Today I encourage you to keep moving and focus on that relationship, business, etc. that you long for; it will take you away from your imitations and bring you toward higher success. Woooohoooooo!!! Cheer up beautiful beauties, you can do it!!!!

26.- BITE OF MOTIVATION

BITES

My platform is where I stand; it's important to know when to act.

Joshua 1:3

THE TASTE

Everything we need is inside us. Do something you love if you're inspired to act. Do it! It's all within you. It's important to know if you're standing on the platform that God had designed for the expressing of your gifts and wisdom. How do you know if you're in the right place to start? It's important to know where you stand in to jump. Cheer up beloved leaders, you can do it!!! Woooohoooooo!!!

27.- BITE OF TRANSFORMATION.

BITES

I change my mindset, believe in myself, and act.

Romans 12:2

THE TASTE

It is not a question of whether I can change people through my actions and words simply because I want to; rather, it is a matter of communicating the message of change to anyone who is open to hearing it. Perhaps you worry about pleasing anyone who listens to you when you think about sharing your opinions, your life experience, or any subject that may seem important to you. Maybe you feel like you must convince others of your way of thinking. You connect with those who want to hear what you have to say by only sharing what you know. The worst thing you can do is live as others do to be accepted. Dare to push yourself beyond your comfort zone by gradually changing your perspective. As a result, you'll learn about your amazing talents and start to believe in your own potential.

Woooohoooooo!!! cheer up beautiful beauties, you can do it!!!!!!

28.- BITE OF TRANSFORMATION.

BITES
Taking responsibility is the key to achieving my purpose.
Philippians 3:12-14

THE TASTE

When you promise to make a change but don't out of fear or decision, you become trapped. When you act out of inspiration and subsequently succeed, many people assume you've already attained success. "Success" is not the goal; it's a step toward your objective. To develop, mature, and expand your reach across your surroundings; to alter your world and contribute to others' transformation; that is your mission. Put aside complaints, excuses, suffering, all emotions, including delight. Expand your horizons. I promise you'll encounter wonderful experiences. Hallelujah!

29.- BITE OF TRANSFORMATION.

BITES
Plan B fades when I'm focused on my objective.
Luke 22:42

THE TASTE

Many people may encourage you to create a plan B, but if you concentrate on your initial strategy, you'll be more successful. Why anticipate problems will arise? It's a useless distraction. It's not that having a plan B is wrong or that plan Bs are terrible; it's best to concentrate on your objective instead. Growth changes you and brings you towards your purpose, whereas a goal only offers success. Do today what you'd leave for tomorrow to make way for fresh possibilities. Knowing you're out of alternatives, will intensify your efforts and will find a reserved potential, without allowing yourself to fall back to your comfort zone. Leave safety and go for resolve. Finish what you started without considering a plan B.

30.- BITE OF TRANSFORMATION.

BITES
My success requires accountability.
Philippians 3:12-14

THE TASTE
When you achieve success, you have the responsibility to act morally toward other people, to continue developing yourself, and to shine a positive light on those around you. Your success in any endeavor ought to serve as motivation for you to keep going. A victory is just the first step on the ladder (towards achieving your purpose). Keep going because there is so much more for you to learn. Woooohoooooo!!! cheer up beautiful beauties, you can do it!!!!!!

31.- BITE OF TRANSFORMATION

Bite

My intelligence is not defined by my personality.
1 Corinthians: 2:4

THE TASTE

If I can't apply my own advice to myself, there's no point in giving it to others.

If you have a straightforward mindset and communicate in a straightforward manner, sharing your knowledge with others will help you train and improve your performance.

Outward appearances are just hypocritical masks that need to be stripped away.

As you have likely observed, people are easily swayed by outward appearances. Perhaps you've passed judgment on others based on superficial characteristics, such as their attire or profession. Sometimes life takes people in unexpected directions, and they end up using their college education and preparation for jobs that are completely unrelated to their purpose. Perhaps a doctor changed careers and now works as a taxi driver; most of us would assume that he lacks academic knowledge simply because he is a taxi driver, but once we find out what a doctor does, we could very well change our minds. Don't be fooled by outward appearances; this generally happens in everyday life. Just as I am, I can and will improve. Right now, may not be a good time to feel proud of yourself, but that's okay. We should embrace our flaws and work to improve, but we should never lose sight of who we truly are to fit in.

Cheer up beautiful beauties, Woohoooooo!!!!! you can do it!!!!!!!

32.- A BITE OF MOTIVATION.

Bite

To fulfill my destiny, I must take flight and make an impression wherever I go.

Philippians 3:12-17

THE TASTE

Accepting good and not so good criticism makes me feel happy because I can learn from everyone. One of the most difficult barriers to cross when we want to give voice to our purpose is facing criticism. Feel happy because when you start to do things right, when you start to walk the path of change, people will notice it and you will receive all kinds of positive and negative comments, it may scare you or you feel fearful or fearful, but if God has placed you on a platform and has opened the doors for you to enter this new reality, you will receive the means to face all the challenges that come. Open your wings, spread them, and take flight, remember that your design is to fly, when you land it is only to take and give impetus to others who want to join the journey of transformation with you. Be sure to give tools of freedom so that others can fly with their own wings. Cheer up Beautiful Beauties if I do it you can too!

33.- BITE OF INVESTMENT

Bite

The respect I earn from those I help will reflect the intellect I possess.

James 3:13

THE TASTE

Some people perform acts of kindness to boost their own self-esteem and gain social recognition. Compassion and honesty are two qualities that are necessary in this moment. It is simple to fool ourselves into believing that our Intelligence is higher than it is. Remember that you have an obligation to give back to the community when you find yourself in a position of privilege. Now tell me, who are you helping?

Come on beloved leaders You can do it!!!!!! Woohoooooo!!!!

34.- BITE OF TRANSFORMATION.

Bite

If I don't try to become the person I should be, then I may as well give up and accept whomever I am now.

Ephesians 2:10

THE TASTE

You're priceless. You are not your current or past circumstances. You're unique and were made to perform great things and inspire others. Uplift yourself! Begin adjusting now, stay consistent, and enjoy being the greatest version of yourself daily. Cheer up beautiful beauties! You can do it!!!!

35.- BITE OF TRANSFORMATION.

Bite

It is necessary for me to overcome my negative habits so that I do not do harm to those who are around me.
Proverbs 3:27

THE TASTE

There might be a possibility that you're thinking: "If I don't mess with anybody, no one should mess with me," or "If I give you what you need, you don't have the right to complain," I'm here to tell you that both statements are completely inaccurate. The act of serving others is not limited to providing material support. Sometimes the people around you require advice or moral support, and you need to be ready to overcome the negative behaviors and attitudes that limit your capacity for compassion. Everyone in that room is there for a specific reason. They are looking for your service because they believe that they can get it from you. Yaaaaaayyyyyy!!

36.- BITE OF TRANSFORMATION.

Bite

My good deeds and peaceful pursuit of my goals are made possible by my good behavior
Psalms 4: 14

THE TASTE

If you want happiness, peace, and financial success in your life, you are going to have to take some proactive steps. The first step is to recognize that you need change and to want that change. The second step is to take responsibility for ensuring that you do not repeat the same mistakes that you have made in the past. If we want to have peace in our lives and the desire to do better, we must turn away from evil and accept responsibility for our actions. Only then can we hope to have the chance to improve ourselves. Cheer up loved ones, you can do it!!!!!!!

37.- BITE OF INVESTMENT.

Boots for winter. Sandals for summer.
Proverbs 13:20

THE TASTE

Wearing the appropriate footwear for each season helps me to be comfortable and move forward on my path. There are people who come into your life to stay for a long time and others to be alone for a little while. We must learn to discern what is of vital importance for our growth, that it is wise to move away from what brings you pain, loss and delays.

Woohoooooo!!!!!

38.- BITE OF TRANSFORMATION.

Bite

My presence can serve as an indicator, revealing the hidden talents of those in my immediate surroundings.
John 8. 47

THE TASTE

Even negative influences can be beneficial to us, if we are aware of the attitude these influences instill within us and are motivated to act to protect ourselves from more harm because of that awareness. These reflections or influences provide us with the opportunity to learn more about who we are at our core, and if we come across someone who motivates us to become a better person, we should rejoice in gratitude toward that person. Woohoooooo!!!!!

39.- A BITE OF MOTIVATION.

Bite

I am accountable for my actions and accept credit for my achievements.
James 1:14-18

THE TASTE

Even negative influences can be helpful to us. By knowing that we have that inside, we can get away from whatever could potentially harm us. These influences give us the opportunity to discover what is truly in our hearts, and if we come across someone who inspires us to do good things, we should be very grateful. I take responsibility for every decision I make, and I celebrate myself for every accomplished achievement. The same thing happens when someone comes and helps us with something, sometimes we think that person is the one who came and saved us and that's not the case either. We should not idolize people or paint them as the villains in the movie of our lives. If we stop blaming or giving all the credit to the people around us for every mistake or achievement, we will be having a much healthier journey through this life. How many times have we told ourselves: "if they hadn't said this, I wouldn't have done that?"

Maybe you heard a song or read a book that you felt changed your life for the better, and you say that that singer or that writer saved my life, and that's where idolization begins. People can be credited for anything they did for us, inspired us, or affected us positively or negatively. Celebrate yourself responsibly. Woohoooooo!!!!!!!

40.- A BITE OF MOTIVATION.

Bite

My faith in God enabled me to understand that He desires my well-being, health, wealth, transformation, etc.
Jeremiah 29:11

THE TASTE

During our walk throughout this world, we find ourselves surrounded by trials and tribulations, and sometimes we can come to believe that to grow and mature we must suffer. Nooooo!!!! That's not our Heavenly Father's wish! When I mention having a closer relationship with God, I am not referring to a religiously obsessed relationship, but rather to a personal relationship based on love. Only then you will realize that God never intended for us to have a miserable life.

Our actions have led us to suffering, but we shouldn't resort to hating ourselves for everything we have done wrong, like the former Archbishop, Desmond Tutu, said: we simply must understand our responsibility and act toward transformation. Faith in God is precisely what will separate us from suffering, it will help us, regardless of the circumstances. Even if everything seems bleak and dark, we need to stay focused on moving forward. Let us ask ourselves, who and what are we placing our faith on? Is it truly helping us?

Woohoooooo!!!! Find encouragement within beloved leaders, you can do it!!!!!!!

41.- BITE OF TRANSFORMATION.

Bite

♡ Every crisis is an opportunity for me to discover my potential and how capable I am of succeeding. ♡
Numbers 13-14

THE TASTE

We can all learn from the same information and face the same circumstances, but it is up to each of us to decide how we react. Although you don't need to constantly be in a crisis to develop, when you do, seize the opportunity. You can choose to believe that you can overcome and come out on top, or you can choose to allow yourself to lose and become defeated. Woohoooooo!!!! Cheer up beautiful beauties You can do it!!!!!!! Hahaha!!!

42.- A BITE OF MOTIVATION.

Bite
♡A limitless belief strengthens my faith and puts me in the right place! ♡
Matthew 17:20

THE TASTE

When you have the courage to believe, you set yourself free. I believe in God because he is my creator and makes everything possible. That faith helps me believe in myself and all the things I can accomplish with His assistance, which puts me in a good position. To believe is to fly through infinity, to make a thought real, to be responsible, to have a clear vision, and to use your power and your disposal.

Woohoooooo!!!! You can do it!!!!!!!

43.- BITE OF INVESTMENT.

Bite

♡ Today, I pave the way for my descendants to carry on my legacy and make sure that my legacy is preserved. ♡

Psalms 102:28

THE TASTE

My change must influence future generations. Become an abundance seeker. Equip this inner leader to dig deep within. To open is to face the unknown, to conquer and possess a new terrain for the expansion of your kingdom, to provide way to those who come after you, to love others, and to give security to others so they might go where you haven't. Passionately serving others and giving them a sense of belonging clears the way for your inheritance.

Woohoooooo!!!!!

Grumpy for Justice!

♡🙏💪

42

44.- BITE OF TRANSFORMATION.

Bite

♡ My reasons fuel my efforts, my positive attitude increases my resolve to do them, and doing them displays my character.

Be productive! ♡

Numbers 13:30,14:6-9

THE TASTE

If you think about the reasons you do what you do, you'll find strength you didn't know you had. Being available makes you more likely to want to do them, and when you're working on them, nothing will stop you. You'll stay strong because you want to achieve your goals and are proud of what you'll give to others. Woohoooooo!!!!! Cheer up beautiful beauties! You can do it!!!!!!

Grumpy for Justice! ♡ 🙏 💪

45.- A BITE OF MOTIVATION.

Bite

If my inspiration only gets you excited, gives you motivation, or leaves you in awe, but doesn't change your life, look to other people for inspiration! ♡

1 Corinthians 11:1

THE TASTE

When you have thousands of followers, there is a great deal of responsibility placed on your shoulders. You should make it your mission in life to assist other people in maturing and discovering their own sense of purpose. The way you live your life should serve as the foundation for how those around you will develop their transformation.

Grumpy for Justice! ♡ 🙏 💪

46.- BITE OF TRANSFORMATION.

Bite

♡To overcome the unknown, you need three things: emotional intelligence, spiritual wisdom, and self-will. ♡

Philippians 2:13

THE TASTE

Even if you are excellent at what you do, if you don't have a spiritual connection, you are hollow, (in my opinion). There will come a time when you feel like you no longer care about anything important. Without dealing with your emotions, you will never be able to climb your that mountain no matter how much spiritual understanding you have.

Cheer up beautiful beauties You can do it!!!!!!!

Grumpy for Justice!

44

47.- BITE OF MOTIVATION

Bite

♡ If a great project can be completed in my mind, I am confident that it can also be completed in my reality. ♡
Mark 9:23

THE TASTE

If you think big things are possible for you, then they are, I believe it. Someone is waiting for you to change; I hope you'll take the first step in your transformation soon. The very demonstration of your sense of responsibility requires it. Believing means taking personal accountability!

Woohoooooo!!!!! Cheer up beautiful beauties! You can do it!!!!!!

Grumpy for Justice! ♡ 🙏💪

48.- BITE OF MOTIVATION.

Bite

♡ My plan is so big that it needs the help of a strong, dedicated team. ♡
Exodus 36:2-7

THE TASTE

To realize your vision, you must communicate all your plans to others and enlist their support in the construction of your structure. Working alone does not demonstrate leadership; rather, it only serves to highlight how limited your ambitions are. Recognize your source of inspiration, delegate responsibility to others, and release yourself from the pressure. This is known as multiplication! Woohoooooo!!!

Grumpy for Justice! ♡ 🙏 💪

49.- BITE OF TRANSFORMATION.

Bite

♡My attitude influences my behavior. If my attitude is positive, my heart is in the right place. ♡

Genesis 4:3-7

THE TASTE

A leader knows that their leader-in-training has unlimited potential, it becomes the teacher's responsibility to help that student reach their full potential. What do you need to get better at? Let go of jealousy and envy so that people will like what you do. When the learner leader has the right mindset to learn, he aligns himself with his coaching leader - even if it makes him uncomfortable. When you have a good heart, you make it easier to be accepted.

Yaaaaaayyyyyy!!!!!

Grumpy for Justice! ♡ 🙏 💪

46

50.- A BITE OF MOTIVATION.

Bite

♡ If I explain it to you in a simple way, it's because I understand it. If you see me doing it, it's because I've learned it. ♡
James 1:25

THE TASTE

You will be able to explain the instructions clearly and simply to others once you have understood them. Your actions will
demonstrate what you've learned when you put what you've
learned into practice and advance your abilities. Do you really
want to get ahead in life? Now is the time to use what you've
learned!

Woohoooooo!! Cheer up beautiful beauties! You can do it!!!!!!
Grumpy for Justice! ♡ 🙏 💪

61.- A BITE OF MOTIVATION

BITE

♡ "Natty Torres" (say your own name)
Your time to shine has come!!! ♡
Isaiah 60:1-3

THE TASTE

I'm telling you to keep going because that light is toward you. Shine with your own essence and radiate to the others, just like the sun, moon, and stars do. Let us allow ourselves to be an influence for others. Value and love what you are now and keep your mind and heart open to change. The world wants to ignite and is just waiting for you!

You were born to shine and to shine on others while they wait for their lights to ignite.

Wooooooooooo!!!!

Grumpy for Justice!

♡ 🙏 💪

62.- A BITE OF MOTIVATION

BITE

♡ **It's not about what you do. It's about why you do it.** ♡
John 14:12

THE TASTE

I want to inspire you to realize your dreams, take out your potential, I assure you that God already put it within you. Start with what you have, what you know how to do and go for what you want to get. Everything you do has a purpose, what is your contribution to others? Have courage beautiful beauties!! You can do it!!! Wooooooooooo!!!

Grumpy for Justice! ♡ 🙏💪

63.- A BITE OF MOTIVATION

BITE

♡A great leader is one who is always learning and improving. ♡
John 5:19-21

THE TASTE

This is Natty Torres (The Queen). Wooohoooooo!!! Beloved leaders let's continue developing all our capabilities. Do you have a Mentor and Coach by your side? Who are you learning from? Who are YOU mentoring and/or training? Come on! How your influence is perceived depends on how much you help your fellow human. Remember that helping, selling, and buying is also an act of service. I am here to serve you. I encourage you to always be able to say: I AM HERE TO SERVE YOU. Yaaaaaayyyyyyyy you can do it!!!!!!

Grumpy for Justice! ♡ 🙏👍

64.- A BITE OF MOTIVATION.

BITE

♡"Everything will be fine, so make things happen," I assure you of this, my beloved. ♡
Romans 8:28

THE TASTE

The secret to unlocking your life's wellbeing is love. Everything will work out well for those of us who love. No matter how challenging you may find your circumstance, act, and love because the solution to all your issues lie in the act of loving. Evil can't withstand the power of love. Make wise decisions and use love to sway events to your advantage. Telling yourself that "everything will be ok" is a way of holding yourself accountable for bringing your own dreams to fruition. Act and believe that everything will be excellent! It is not enough to say that everything will be fine or cross your fingers with the hopes that these circumstances will go away, nooooooo!!!

Hahahahahaha cheer up beautiful beauties, you can do it!!!!!!
Grumpy for Justice! ♡ 🙏 💪

65.- BITE OF MOTIVATION, TRANSFORMATION, AND INVESTMENT

BITE

♡ I'm making millions of dollars right now. (Working) Haha-haha, and you? Avoid eating your crop before it ripens! ♡

Ezekiel 34:26

THE TASTE

Yes, as you may have heard, avoid eating your seed. The seed must be planted, nurtured, worked, and multiplied. This abundance mentality dictates that the fruit be enjoyed, consumed, and given to others as a gift or in exchange for a service.

I enquire: Are you spending your earnings? Are you waiting on handouts from other people? Do you occupy your time by watching others succeed? Always remember to sow from an eternal harvest. Dare to take charge and act. Woooooooooooo!

Grumpy for Justice! ♡ 🙏 💪

66.- BITE OF TRANSFORMATION.

BITE

♡My gratitude enhances strengths; my complaints weaken hope ♡

Philippians 4:6

THE TASTE

Believing that things will get better feeds your hope toward creating change for a better future. Being grateful lifts you toward a perspective of freedom, to keep moving forward and achieve more than you can imagine. Solving problems strengthens your Faith and inspires you to achieve what you want, leaving behind the complaints. Be grateful for what you have, and you will have peace.

Wooohoooooo!!! Cheer up beautiful beauties!

Grumpy for Justice! ♡ 🙏💪

67.- BITE OF INVESTMENT

BITE

♡It would be better to not make the proposal at all than to leave it unfinished. ♡
Matthew 5:37

THE TASTE

If I am willing to say "Yes" to all the errands and people that really take up my time, then I can say "No" to the ones that just consume me excessively. It is better to learn to say No, than to know how to say Yes and leave it halfway. Learn to identify priorities!
Yeeeeeeessssssss
Grumpy for Justice! ♡ 🙏 💪

68.- A BITE OF MOTIVATION.

BITE

♡My life is an up-and-down roller coaster. ♡
Proverbs 13:4

THE TASTE

You decide where to remain; it is better to remain with a proactive mindset, preparation, and action than to be a victim and watch as everything goes wrong. The difference between success and failure will be determined by the stance you choose to maintain. Dedicated or Careless? You must decide! Yaaaaaayyyyyyy

Grumpy for Justice!

69.- BITE OF TRANSFORMATION.

BITE

♡ There are waves can be jumped through, but there are others where you must dive and wait for them to pass. ♡
Proverbs 22:3

THE TASTE

There are challenges that we must confront to resolve them, but there are also challenges that do not deserve our attention. What issues are you concentrating your time and energy on? Focus on the right ones ONLY.

Be careful, protect yourself when there is danger, and get away from it. You must carefully consider whether it is necessary to move forward or take the appropriate steps to avoid suffering losses. Being cautious means having abundance!

Woooooooooo!!!

Grumpy for Justice! ♡ 🙏 💪

70.- A BITE OF MOTIVATION.

BITE

♡ One less, one more ♡
Genesis 1:27

THE TASTE

You are neither less nor more than anyone, you are a unique and wonderful person, with extraordinary qualities that can transform entire generations. In fact, you want to look like others to be accepted. You are one more person, who qualifies to learn to develop your abilities, to discover all the capacities that are already within you, and you had not realized. Wooohoooooo!!! cheer up beautiful beauties, you can do it!!!!!!

Grumpy for Justice! ♡ 🙏 💪

71.- BITE OF INVESTMENT.

Bite

♡My presence reveals my disposition ♡
Matthew 7:8

THE TASTE

Your presence is being presented through your voice, a message, an order, etc. Your presence asks for what he needs and receives it, it seeks, it finds, it opens whatever door is in its way. Make yourself present in all places through whatever means possible, I assure you that your presence is welcome everywhere you go. Woohoooooo!!!!
Grumpy for Justice! ♡ 🙏💪

72.- BITE OF TRANSFORMATION

Bite

♡My identity shows my power. ♡
Luke 7:6-8

THE TASTE

The more you know yourself, the more focus you will have in whatever it is that you were created to do. When you are producing within your purpose, you let others know who you are through your essence. Through your influence, you have the potential to attract those who will benefit. Focus on knowing and walking in your true self, believe me that will attract the people who will benefit from your message. Woohoooooo!!!

Grumpy for Justice! ♡ ▨ ♡

73.- MOTIVATION, TRANSFORMATION, AND INVESTMENT SPEECH BUBBLE.

Bite

♡ To be more excellent, I need to be inspired, prepared, and learn from someone much greater than myself. ♡

2Timothy 3:16-17

THE TASTE

What books are you reading, what teachings are you listening to? What purpose are you preparing for? Who do you want to help? Who is your source of inspiration? Who are you learning from and are you allowing them to teach you? Hallelujah!

Grumpy for Justice! ♡ 🙏👍

74.- BITE OF TRANSFORMATION.

Bite

♡TO BRING EQUALITY AND FREEDOM TO FUTURE GENERATIONS, MY STARTING POINT SHOULD BE GUIDED BY BALANCE! ♡
Matthew 7:12

THE TASTE

Do everything you want to do with responsibility and passion, without compromising or meddling with other people's desires. Equity and happiness come from respecting others' opinions and working to advance your own. Encourage others, give them your time, and give them the freedom to experience their own transformation.
Woohoooooo!!! Cheer up beloved leaders!
Grumpy for Justice! ♡🙏💪

75.- BITE OF INVESTMENT.

Bite

♡My loyalty to you has nothing to do with how much you love me, or what you do for me. Instead, it has to do with how much your life means to me.
Psalms 15:4 ♡

👑 59

THE TASTE

Do you want to find out how loyal you are? This answer can be found in different ways. When you tell a person you love about a situation that is happening to you, but this person breaks your trust by telling others their version of your story, if, despite that betrayal, you decide to forgive them; Congratulations!! You have reached a level of maturity that not a lot of people can possess. True friendship breeds truth and loyalty.

Cheer up beautiful beauties You can do it!!!!!!!

Grumpy for Justice! ♡ 🙏 💪

76.- BITE OF INVESTMENT, MOTIVATION AND TRANSFORMATION.

Bite

♡My kingdom's foundation is based on fair business practices, trusting everything will be okay, and enjoying myself as I go. ♡

Ro. 14:17

THE TASTE

Your advancement is not about having everything to satisfy yourself while leaving others to starve. When you succeed and assist others toward success, you will feel fulfilled, you

60

will live at peace! Have peace and joy by balancing your scale. Woohoooooo!!!

I love your beautiful beauties!

Grumpy for Justice! ♡ 🙏💪

77.- BITE OF SELF-ACKNOWLEDGEMENT

Bite

♡If I connect my thoughts to my heart, they will generate positive energy. ♡

Proverbs 14:12

THE TASTE

You have great ideas to build an empire, but you must filter them though the heart to bring out the best in you and others. Be Aware! If you act on them alone, they could perhaps destroy you. Build your kingdom! Examine your thoughts and make sure that you avoid making irrational decisions based on emotion. Listen to those who will influence your heart for the better. Woohoooooo!!! I love you with all my heart!

Grumpy for Justice! ♡ 🙏💪

Made in the USA
Middletown, DE
27 October 2022

13618173R10080